滄桑如許

——与苏百钧同行

雷承影 著

长江出版传媒 | 湖北美术出版社

序 言

与苏百钧、雷承影伉俪交往有年，平时围炉茶叙，知他们青梅竹马、情深意笃，有过患难与共、相濡以沫的难忘人生经历。之前亦由“喜马拉雅”收听过作家雷承影所撰回忆录片段，情节生动，文笔清隽，引人入胜。如今这部回忆录即将付梓，嘱我作序，因多年友情，故不揣简陋，接受了这个任务。

这是一本质朴、真诚的回忆录，作者娓娓道来，读者如临其境。跟随作者的引领，一幕幕场景如同电影闪过。从无忧无虑的童年到酸甜苦辣的青年，从青梅竹马的恋爱到儿孙绕膝的岁月，从曲折坎坷的求学生涯到硕果累累的文艺道路。作者敞开心扉，和我们分享了她的经历和感悟，其敏锐的感受力和强大的记忆力令人惊叹，书中许多细节让人印象深刻，一读再读。比如回忆孩童时，百钧剪了皮鞋的鞋舌用来做弹弓的弹夹，还告诫小表妹弹弓是男孩的玩具，女孩是不能碰的。在大花园里捉昆虫、砌小房、挖地道、筑城墙的那些趣事记述，将两小无猜的儿时快乐和童真烂漫描写得无比生动。回忆在广州的时期，他们住在没有窗户的老屋顶层，夏天闷热难挨，丈夫无法看书画画，于是将打湿的毛毯悬挂在桌子上方以降温，并为此“创意”沾沾自喜。明明是艰辛的经历却写得趣味盎然，令人会心一笑。再比如作者回忆离开岭南来到北京时经历的一番犹豫和冲突，夫妻二人为未来种种担忧不已，终于决定“雄关漫道真如铁，而今迈步从头越”，细致的剖白读来感同身受。经历了岁月的披沙拣金，人生旅途中的忧患和赞誉都化为淡然，凝聚成平实的文字，传达出震撼人心的力量。

我与苏百钧、雷承影算是同龄人，他们经历的时代变动是一代人的集体记忆，书中许多记述亦能唤起我的怀旧之情。每个人的人生经历虽然零散，却总被时代的大潮所牵动。苏百钧出身于岭南艺术世家，始终保持着艺术家对生活的超然态度。

在下乡期间，他孜孜不倦地读书、练字、画画，还乐于种植瓜果蔬菜，从中寻找创作的灵感。后来分配到橡胶厂工作，他也勤学不辍，积极求教。有前辈劝他，画花鸟画没前途，他却把艺术创作当作精神享受，并不迎合所谓的时代潮流。生活的坎坷没有阻碍他的艺术追求，反而成为他难得的人生财富。了解了这些故事，再看苏百钧的画，更能感受其中纯粹、专注的艺术品质和超然世俗之外的趣味与灵性。苏百钧在艺术上的成就离不开他贤惠的夫人，他们相识于髫龄，艺术上他们能够相互理解和交流，生活上他们始终爱护和体谅对方，不管人生境遇如何变化，他们一直相携相伴，风雨同路。这本回忆录的名字叫《沧桑如许——与苏百钧同行》，字里行间都流露出温馨的情意。这是一份历久弥深的感情，也是他们艺术人生的最佳注脚。

中国艺术研究院（原）常务副院长

中国艺术研究院博士生导师

吕品田

2020年9月于北京

目录

第四章

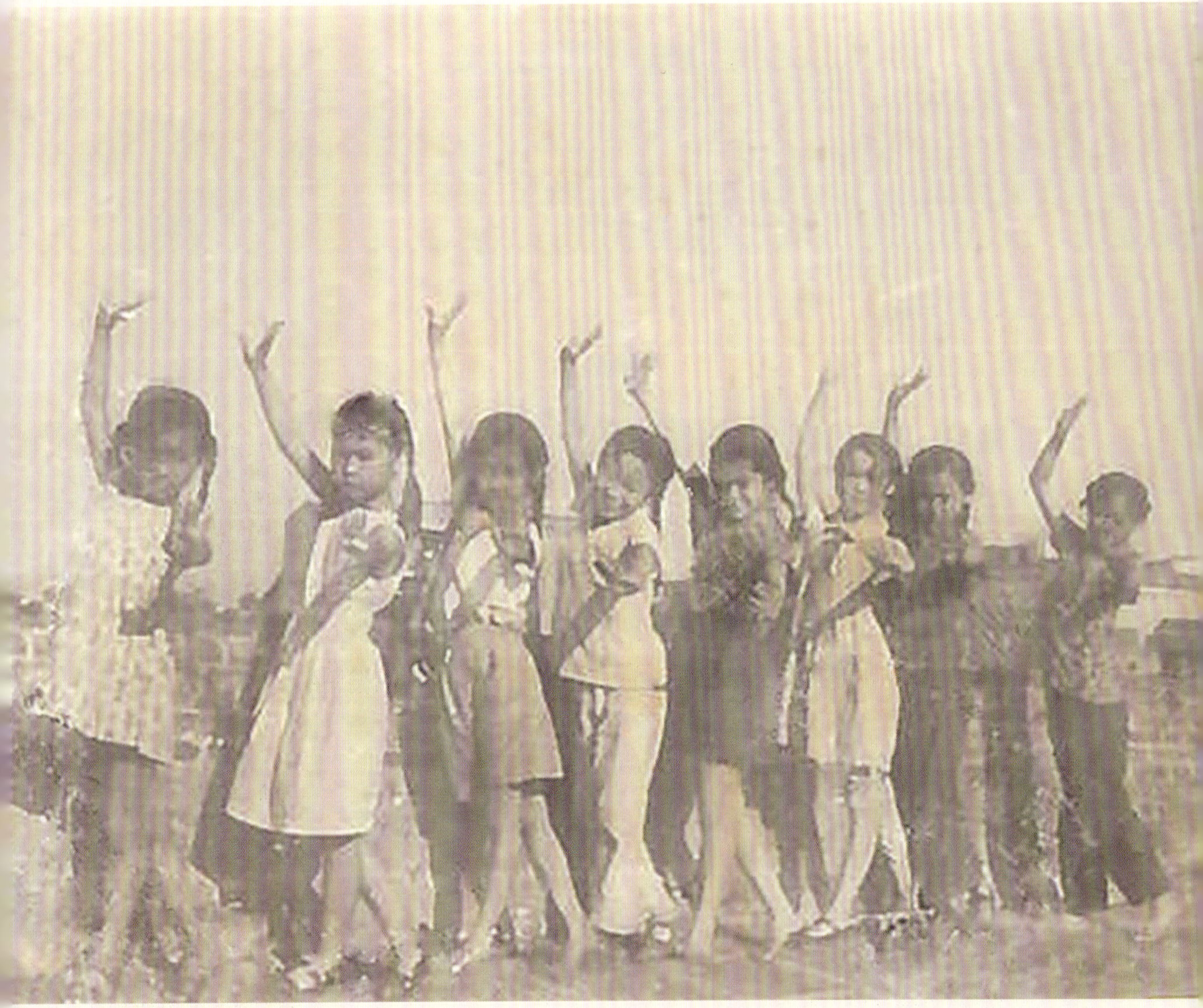

第一章

1. 童年趣愉

1.1 菊苑儿时梦

当年，外公为寻求生计，孤身只影飘洋过海去南洋寻找金矿，经历了惊涛骇浪，在曲曲折折、跌跌撞撞的岁月里好不容易觅到了“一桶金”。外公回到家乡，用凝聚了毕生精力寻觅到的这桶“金灿灿”的血汗钱盖了一座院子，起名为“菊苑”。菊苑里面有大小两座花园，顺着大门往里走，右边靠着围墙有一片竹林，竹林旁的小屋后有一丛攀上墙头的霸王花。进大门的小路直通假石山，旁边的广玉兰树散发阵阵幽香。假山边的另一条弯弯小路通向水井，幽幽井水清澈冰凉。小路旁种满了指甲花、玫瑰花和各色菊花等。大门进来左拐，另一条石板铺砌的主道直通正堂。石板路的左边，一盆盆的小盆景围着金鱼池，旁边还有荷瓣似的荷花池，养热带鱼或乌龟，不过常年干着，像装饰物。蒲桃树、鸡蛋花树及黄皮、番荔枝、紫荆花等树木围绕其中。石板路的右边，一棵高大婆娑的榕树，根粗叶茂。树下单杠旁是羽毛球场。旁边种有人心果、枇杷、木瓜等果树。石板路直达骑楼，骑楼屋檐绿

外公 关雨亭

外婆 邓乃琼

色的琉璃瓦格外醒目。两级台阶进入骑楼门，往前走就是宅房客厅。清一色青砖盖建的宅子里有近十间房：大厅、正房、厢房、偏房等，曲径通幽的回廊连接数房，高高低低、错落有致。建筑群里还有神楼、大小厨房。骑楼两边各有半圆形的拱门，拱门东走跨过小拱桥的小路也连着水井。水井旁还有一条路通向小花园和宅子后门。再过一个圆拱门就是小花园。迎面一丛大红花掩映后面的木瓜、桂花等树木。与大花园交接处，是连着三间呈“丁”字形排列稍矮点的房子（以前养鸽子用），雅趣别致。大宅院里搪拢、天窗、骑楼等配套设施一应俱全。这栋典型纯正的南方建筑，坐落在广州市车水马龙的闹区大街旁，穿过弯曲小巷子的尽头。风光亮丽的菊苑里曾经住过叱咤风云的祖辈，一度莺歌燕舞、高朋满座。

祖辈创业福荫儿孙，菊苑也挽留过不谙世事的儿孙群。大小花园曾花繁叶茂，百花争艳，树木葱翠。时光荏苒，岁月变迁，花园里的植物渐渐叶残枝退。曾经的一切也事过境迁，已进驻工厂沦为仓库。菊苑经历了风风雨雨，凝听了三代人的嬉笑怒骂，也见证了几代人的兴合离散。

光阴似箭，转眼到了20世纪50年代，这座昔日昌盛已去的菊苑，养育出女性盛男性稀的小孙辈们。这群小精灵在寂静的天空下招摇走来，“众花伴果”地给花园增添了生气。

某个阳光灿烂的日子，在菊苑里的大骑楼下，两位一般高矮的花季女孩不期而遇，她们以极灵敏的感觉谨守内心的好奇，都不言语，只是四目对视，对站着，站累了便慢慢蹲下。陌生、好奇紧紧萦绕。她俩一位刚从北国南迁；另一位则是久居此宅，听说姑婆带回了与她年龄相仿的女儿，出于好奇前来寻伴。不知过了多久，她们双双坐在瓦瓷瓶砌的骑楼围栏上。扎着辫子操着北国腔的女孩，眼珠滴溜一转，摇晃着脑袋用不大标准的广州话自言自语：大花园真好，有金鱼池、荷花池，金鱼好漂亮。另一位短发女孩踢摆着小腿立即回应：小花园更好，有大红花，像红灯笼，很美丽。扎辫子的小女孩马上接口

妈妈和她的姐妹们（菊苑第二代）

说："大花园有沙山、煤山。""小花园更好，有木瓜树、废品仓。"短发女孩也随即回应。傲气十足的辫子女孩说："哼，沙山可以造城堡，也可以修地道。"不服输的短发女孩接道："木瓜树可以结很甜的果，可好吃啦，废品站可以淘宝贝，能找到很多好玩的玩具。"辫子女孩强蛮地说："我住大花园，我喜欢大花园，我就是大花园。"短发女孩不甘示弱地嘟哝小嘴："我住细（小也称作"细"）花园，我爱细花园，我就是细花园。"从此她们就以"大花园"与"细花园"为别名。给小伙伴们起绰号似乎是孩子们的天性，在往后的岁月里，"大花园"的姐姐唤作"皇冠"，弟弟唤作"龙果"，而"细花园" 则有"牵牛""心果""米兰"姊妹四位。

童年是五彩的年华，多梦的花季。大花园无拘无束、生性爱闹，喜欢当孩子们的头领，无论她走到哪里，总有小伙伴言听计从，而细花园也从不服输，昂首挺胸、欢快雀跃。大花园比细花园小一岁，但是辈分却比她高。尽管如此，菊苑的发小

菊苑主宅（绘图 丁宁 / 设色 胡汉华）

们，从来不论岁长辈高，欢乐地度过了缤纷童年。

每天清晨，大花园的母亲推着自行车出来，前面坐着弟弟龙果，中间是大花园。路过小花园时高声呼唤，细花园、牵牛、心果姐弟仨雀跃奔出，分别坐上姑婆的自行车尾架，或踩脚踏。“叮、叮、叮——”龙果打着车铃“鸣锣开道”，坐后面的嚷着“嘀、嘀、嘀，前进，前进”，五位小天使在“私家车”带领下浩浩荡荡地驶进幼儿园。

细花园在大班，大花园和牵牛同龄在中班，龙果、心果则分别在小班和小小班。这队人马成了幼儿园的一道风景线。不管夏日严冬还是和风细雨，他们总是“风雨同车”，携手走进幼儿园。

一天，蛮横的大花园抢走了牵牛手中的玩具，牵牛发怒地咬着大花园工人裤前的小口袋，大花园一挣扎把牵牛早已松动的前门牙给拉掉了，牵牛满嘴鲜血哇哇大哭，大花园吓呆了，不知所措。老师过来不由分说提起牵牛塞进装被子的大衣柜。牵牛在漆黑的柜子里又惊又怕，不停地哭喊。大花园不忍离去，伴守在柜子旁，同情、愧疚充溢心房。趁老师不注意，大花园蹑手蹑脚悄悄地拉开柜子门，透过隙缝轻声抚慰。牵牛看见一丝光亮透进衣柜，又听见熟悉的声音，忘了慌恐，轻声细语地与大花园聊了起来，血脉相连的她俩相互依赖，忘却了刚才的不快。从此，她俩常形影相随。

孩子们最喜欢的六一儿童节到了，幼儿园内彩带缤纷、喜气洋洋，处处荡起欢声笑语。因为大花园从北国南归不久，讲一口标准的普通话，老师安排她在文艺汇报演出中当报幕员并在大会上作为儿童代表上台讲话。面对数百家长与小同伴，她一点都不怯场，五岁的小不点昂首挺胸地站在台上。蹲在后面的老师轻声地说一句，她在前面大声地跟着念一句，有模有样的认真劲，赢得家长们阵阵掌声。演出开始了，大花园、牵牛与小伙伴们在老师精心打扮下漂亮地表演了舞蹈《小白杨》和《采茶扑蝶》。后来《采茶扑蝶》节目被选送上市里参加比赛，并且获奖，成了幼儿园的保留节目之一。在六一儿童节过后没多久，细花园毕业，离开幼儿园去读小学了。

一天，不知是因为细花园的离园还是别的原因，大花园心血来潮地拉着牵牛跑到隔壁中班叫上心果，又溜到靠近园子大门的小班带上龙果，一行人悄悄地溜出了幼儿园，脱缰野马似的直奔菊苑。在菊苑门口，碰见刚放学从食堂打饭回家吃的细花园，可高兴了。大家七嘴八舌地告诉她溜出幼儿园的“历险记”。细花园边听边喂给每人几勺饭菜之后就匆匆上学去了，留下四位“逃亡者”不知所措。怎么办？大花园提议：去找妈妈。一队人马随即浩浩荡荡地奔上大街。小精灵们穿过几条马路和熙熙攘攘的大街，手拉着手互相照应着穿街过巷往前走。不知走了多长时间，也不知过了多少个路口，凭着依稀的记忆，跌跌撞撞，好不容易找到了妈妈工作的学校。可是，他们站在外面的台阶上，不敢进去。出走的恐惧、紧张与不安一起往上涌，牵牛一屁股坐在台阶上直嚷：“我好累呀，走不动了！”龙果也拉着大花园的手说：“二姐，我饿！”随即大家东歪西倒地坐在台阶上合眼睡着了。不知过了多久，妈妈把他们逐一摇醒。原来是妈妈的一位同事上班路过，看见这帮“逃亡者”，告诉妈妈外面有两个“小乞丐”很像她儿女。妈妈赶紧出来把“小乞丐”们带进了办公室，一点没有呵斥，而是和颜悦色地了解经过、询问究竟，拿出不舍得吃而准备下班后带回家给儿女们吃的早餐糕点分给“小乞丐”们，大家狼吞虎咽后接受妈妈的告诫，保证以后不再擅自“出走”。妈妈推上自行车把这帮“逃亡者”又送回幼儿园，并与老师们分析孩子们出走的原因，要求严加看管。

这次“出逃”事件，当时不知深浅，现在想来还真有点后怕。

那年头，正值国家三年困难时期，缺乏口粮肉食，每家每户按人口配给，每人只有几毛钱的肉量。而为了祖国花朵们的身体健康，幼儿园里每顿都有肉，而且还是精瘦肉。大花园吃饭时把瘦肉挑出悄悄地放在裤子口袋里，想着带回家给妈妈和

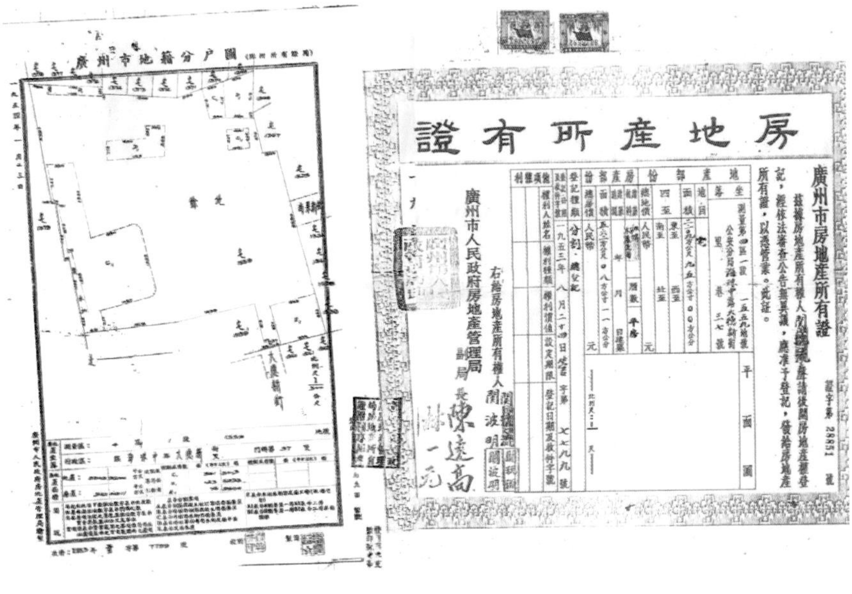

菊苑地契

姐姐皇冠品尝。其实带回家的肉，粘上裤兜里的灰尘已是面目全非了，但读小学的姐姐依然吃得津津有味，妈妈无语，眼泪直流。

五彩绚烂的童年趣事总是让人难以忘怀。住着八户人家的菊苑里，只有一间洗澡房，傍晚，大家排队轮流洗澡。孩子们可开心了，经常三五一群地凑一起洗澡，打水仗、嘻哈逗乐，总要在大人们的吆喝下才洗完穿衣。

炎热的夏天，窗外树上，知了鸣叫不停，幼儿园午睡时，大花园躺在床上翻来覆去睡不着，看着老师拉动绳子，绳子的另一头拴在头顶横着的木板，木板条上钉着布条，布条晃动，扇出丝丝凉风，小朋友们安然入睡。（那年代，幼儿园没装风扇，更没空调，炎热难熬时都是手拿扇子扇凉）可大花园眼睁睁地看着摇动的木板，想入非非，为何细绳子能带动木板？为何会产生风？老师真厉害，不是用扇子扇凉，是用木板带动布块！这触动了大花园的思维，她萌发了异想。她翻动着从家里带来的毛巾被，手指无意间从毛巾被中抽出一根线，线越拉越长，越拉越长，哈，这可好啦，可以给妈妈补衣服用。大花园曾听妈妈唠叨过针线不好买，她赶紧小心翼翼地把线绕成球，珍重地放在裤兜，满心欢喜地带回家。妈妈看着这从毛巾被上拉出的线团哭笑不得。经济困难时期，这毛巾被可不好买呀，还是外婆从香港带回来的呢。可又不忍心指责女儿的“良苦用心”。慈祥的妈妈轻言细语地告诉大花园已织成被子的线与补衣服的线是不一样的，不能补衣服，很容易断、不结实。而且把被子的线拔了，被子就不暖和了，被子也就废了。听完妈妈的一番教育，大花园觉得很懊悔，却也学到了常识。

秋色烂漫的一天，风撩树叶落台阶，皇冠领着妹妹大花园与小伙伴们兴高采烈地在园子里捡树叶做书签，表姐的女儿丹桂独自坐在鸡蛋花树下。突然皇冠直直地看着丹桂的大眼睛说：“你的眉毛好长啊，像小人书里的长毛贼。”大花园和细花园随即围着丹桂高声附和着喊：“长毛贼！长毛贼！”。丹桂赶紧跑回家对着镜子拿起剪刀把眉毛剪了，满心欢喜跑出家门，同伴们一看哈哈大笑，皇冠说："一长一短真像狗吃屎。"丹桂捂着眉毛又跑回家，拿起哥哥石榴的剃须刀，把眉毛全剃光了。小伙伴们看见更是狂笑不止，丹桂哭着跑回家，翻箱倒柜找出妈妈从医院带回的胶布把光光的眼眉贴上。这一闹，又留下了一桩大宅院斑斓多彩的童年趣事。

一眨眼，大花园和牵牛都幼儿园毕业了，进了同一所小学同一个班。两人像糖粘豆，一齐背起书包上学，一同拉手回家做功课。有时吵架又像水掺了油，互不理睬。可血浓于水的亲情、一起成长的友爱，在两颗幼小的心灵里早已根深蒂固，过不了一顿饭工夫，又是你追我逐齐奔校园。这些点滴的交往，注定了一生的缘分。在日后的岁月里，她俩总会不知不觉地相聚在一起，大花园生活里的很多事情，都离不开牵牛的默默帮助。

在老师的点名下大花园加入了学校的舞蹈队，还当上了班委中队文体委员。学校推荐大花园去文化公园里的市少年宫报考舞蹈队，她被录取了，每星期天都兴高采烈地去学习舞蹈基本功和排练节目。老师要求的基本功训练很严，手位练习时抬过高了，老师轻轻拍打，太低了也不行。马步练习时，老师不断吆喝："下蹲""腰直""别偷懒"。有时累得直掉眼泪，但是同学们都很认真地完成一个个动作。老师还现场编排舞蹈教给大家，这给大花园很大启发，她领悟到怎样配合音乐节奏走舞步，如何表达优美的舞蹈动作。老师还根据每位同学的特点将学员分为两组，大花园被安排在民族舞组，经常参加演出活动。少年宫给每位正式舞蹈队员发了出入证。这下子大花园可神气了，出入文化公园不用门票，还不时问老师拿预备队员的临时门票给菊苑里的小伙伴们，偶尔还带同伴们去看演出。因此，经常有一帮同伴鞍前马后地簇拥着她。她把在学校舞蹈队和少年宫舞蹈队学的舞蹈基本功和舞蹈教给身边的小伙伴。有时也学着老师自编舞蹈教给他们，大花园身边增添了不少的"虾兵蟹将"。好像众星捧月般地威风。

新闻媒体到少年宫找小演员拍广告照片，那年代拍照片不容易，更不要说拍广告了。大花园和另外一位小女孩被选上做“放鞭炮”的角色，大花园跨出右弓步，两手塞耳朵瞪眼睛，一副惊恐的造型；那个女孩，跨出左弓步点鞭炮。摄影师一遍遍地对大花园喊：“大眼睛的小姑娘眼睛睁大点，睁大点。”大花园紧张地使劲堵耳朵睁大眼，反复练习。摄影师一遍遍拍又一次次喊，拍了几小时才完成。随去观看的姐姐回家后跟妈妈说：“真害怕妹妹的大眼珠掉出来。”

八一建军节，少年宫在文化公园广场举办篝火联欢晚会。下午四点多，离天黑早着呢，大花园就急不可待地嚷嚷着要出门。她把妈妈给的五毛钱花了一毛买了两个酥皮面包，不舍得坐四分钱的公车，一边跳跑，一边啃面包，到了文化公园，少年宫还没开门。她在文化宫里四处游逛，走进花卉馆，再看水产馆，还去“说书台”听说书。到了集合时间，同学们和老师陆续到来，开始换衣服化妆打扮。八点，红红的两堆篝火冉冉燃起，威武的中国人民海军随着《八一军歌》的旋律步伐整齐地步入会场，少先队员们报以热烈的掌声。晚会开始，军队的节目与少年宫的节目参差进行。大花园和舞蹈队的同学们表演舞蹈《大头娃娃》，因为篝火晚会是围圈座，前面出场的同学掌握不了舞台方向，队伍造型歪了。接着出场的大花园舞台经验不足，没有将错就错，还是按平时排练的按部就班出场，结果给人的感觉是舞台斜了。不过小演员们认真表演，还是赢来了阵阵掌声。但是这次的“失误”让大花园懊恼了好久。吃一堑长一智，她懂得了什么叫随机应变。节目演出后，少先队员们与海军战士们一起跳集体舞，并相互交换通信地址。大花园也和一位海军战士交换了地址，在后来的一段日子里，这位战士班长不间断地写信鼓励大花园要好好学习，长大当革命接班人。大花园也在妈妈的指导下向海军战士汇报学习成绩，诚挚的书信来往醇美如蝶，激励了大花园的学习热情。

龙果、心果、秋菊依然上幼儿园，三人每天同去同回。一次，龙果与心果等着秋菊放学结伴回家。左等右盼，好不容易才看见秋菊姗姗而出，心果不耐烦，拉着龙果就跑，后面的秋菊急忙追出，可是男孩子跑得快，追不上，秋菊坐在地上哇哇大哭。龙果转回来，边安慰边拉起秋菊回家。从此，他俩形影不离，相互照应。没多久他们也同上了一所小学，依旧耳鬓厮磨一起上学放学。

一天，幼儿园老师通知妈妈，龙果发高烧，妈妈请假把他带回家。突然，龙果全身抽搐，妈妈赶紧抱起他疾跑去医院，经诊断，龙果是食物中毒，要住医院治疗。原因是早上吃没有用盐水浸泡的菠萝，导致龙果菠萝酶过敏。这事的危险性震慑了孩子们。在家长们的教育下，大家养成了勤洗手、讲卫生的好习惯。

菊苑有个不成文的习惯，每周六晚上，六七户家长带上甘草豆、花生、瓜子等零食和孩子们聚集在大骑楼里，大人们聊天，孩子们唱歌、跳舞表演节目。有一次聚会，孩子们表演集

妈妈和我们姐弟仨

体舞《亚非拉人民要团结》，身兼教练、导演的大花园和细花园分配给小演员们各民族角色，并利用衣服、毛巾作装备，把小伙伴们打扮成各国人民。牵牛的角色是扮非洲人，大花园找来写毛笔字的墨汁往牵牛脸上、手臂上涂，将他打扮成彻头彻尾的“黑人”，结果一出场把葡萄吓得哇哇直哭。小演员们没受影响，坚持把节目演完，家长们欢声笑语并报以鼓励的掌声。每星期的晚会，大人们有唠叨不完的家常事，孩子们嬉笑打闹，好不热闹。

那个年代，购买柴米油盐糖除了凭票限量，还要排队，每次购物前，孩子们就成了“先遣队”，家长们随后购买。大花园的父亲远在北国，妈妈一人养儿育女，还要工作，很不容易。为了减轻母亲的负担，皇冠和大花园姐妹俩责无旁贷地带头先行。因为细花园母亲也不在身边，妈妈总叮嘱大花园叫上细花园、牵牛、心果他们姐弟，有时还加上丹桂、蛋花或绣球、丁香等，一行人搬上小板凳去排队购米或购煤、购柴。别人排队都不耐烦，这队人马却劲头十足，边排队边玩跳橡皮筋或跳格格、挑大海或打谜、猜拳等游戏。一次玩疯了，皇冠和大花园竟把外婆从香港带回的雨伞给弄丢了，那时雨伞非但贵还不好买，这让妈妈生气了好久，姐妹俩痛哭一场，伤心了好久。

不知何时起，菊苑里的地盘分别驻进了王老吉制药厂、新长兴砖厂、废品站，废品站的废品越占越多，还划出一半堆放了大量的煤块和沙子，大家称之为煤山、沙山。虽然煤山用砖墙围起并上锁，可一到运煤进出时，抬煤块担进园的工人会把煤块抖落，有时也会特意从箩筐里把成块的煤往外扒出，让孩子们高兴地捡回家烧。那时候，每家配给的生活用煤根本不够用，这些煤虽是生煤不耐烧，但也能满足需要。每到这时，各家的小伙伴们都会蜂拥而至，有时为同时看到同一块煤要捡而拌嘴，可一会儿又烟消云散。有时还合伙一起翻墙头进煤山扒煤块，里面的扒出往墙外扔，外面的捡起往家里送。

小伙伴们还经常三五结伴，利用砖厂堆放的砖块搭建小房。皇冠、丹桂、绣球年龄相仿，喜欢在一起玩。大花园、细花园、蛋花、牵牛、丁香结一伙，心果、龙果、秋菊、面包皮为一党，各路人马大显身手。有的搬砖，有的砌墙，墙体大概比人高一头或矮一截，都没有屋顶。“建设者”们凭着心中的感觉把小房子建成心目中的“宫殿”，有门、窗，还有用砖砌的桌、凳。墙壁上用几粒米饭捏着贴上自己的画幅或剪纸，经常是今天粘明天掉。但一点儿也不影响小伙伴们的兴趣。这些充满欢乐的“小房”也吸引着来串门的亲戚家的孩童们的兴趣，趁着大人们拉家常之际，小孩们玩在一起，摸摸“小房”的窗，坐坐冰凉的砖砌凳。

大花园抱着妈妈买的娃娃与细花园、蛋花一起去各小砖房串门，牵牛留下看家。到了秋菊他们的小砖房，龙果外出捡树枝当柴火，心果就把在小花园费品站里捡回的瓶盖、铁皮、瓦片当锅，丁香捡来蓉树的豆子作米。不知谁弄来了火柴，生火煮饭。这可好玩了，孩子们都聚在了一起，吵吵闹闹，好不热闹。这是背着大人们在“玩火”，这危险游戏要让大人们知道了是要挨骂的。可是不知天高地厚的孩子们都严守这秘密，没有上告家长们。

孩子们有时候吵架，要散伙，就分家，重新结伴建小房。最有意思的是牵牛，每次分家时她总嚷嚷着墙壁最下面的砖块是她搬的，非要取回那块砖不可，否则就哇哇大哭。奇怪的是她哭起来总没眼泪，小伙伴们总嘲笑她假哭。牵牛的精于细算，注定了她长大后是当会计的好手。

这些可爱的小砖房有时候也成了“战争”的掩体，发动打仗的总是男孩子。特别是年龄稍大的石榴，他不爱与女孩们玩过家家，却总是爱捣乱。他有时悄悄往没盖顶的童稚房里扔石块，把里面玩得正开心的孩子们吓一跳，有时又把孩子们分两边互相扔石块“对打”。一次石榴扔的石块打中了大花园的眼睛，大花园泪水扑簌直流眼睛通红，石榴赶紧放下手中的石块跑过来一边帮大花园揉眼，一边求大花园不要告诉妈妈。没过一会儿，石榴又领着大家去沙山造小桥、建“长城”。造小桥很好玩，把小手放在沙上，往上堆沙再小心把手抽出，只要沙不塌就是所谓的小桥，桥面插上树枝代表人，瓶盖代表车。还在桥下筑堤，然后提水倒进沙堤里，叠只小船随水而漂。建“长城”，要齐心合力。而真正的万里长城是怎样的，谁也没见过，只是从妈妈的故事里和语文书的图片里知道那是一座长长的御敌围墙。孩子们通力合作，有的从废品站里捡回来破桶、烂罐，盛水把沙浇湿，有的双手堆沙拍打结实。没一会，“长城”盘旋于沙山上，还有沙雕的烽火台。孩子们欢呼：“成功了！成功了！”这是集体的力量。欢乐随着梦想在自由的天空中恣意奔驰。

放风筝，也是菊苑里孩子们的一大乐趣。在那个物质缺乏的年代，要找扎风筝的材料可不容易的。只有天天盼望着有断线的风筝掉落在大宅院，哪怕是挂在树梢或丢在屋顶。想尽办法也要把它弄到手，还千方百计求妈妈给难得的缝衣线，在线轱辘中插入一根筷子，再把砸碎的玻璃粉放到煮沸的面糊中搅拌，然后把缝衣线在有玻璃粉的面糊中拉几遍，让线硬朗。虽然有时众多的小伙伴中只有一只风筝，但是要放风筝时，菊苑里的孩子们都很兴奋。大家跑到沙山最高处，龙果或心果高举风筝，石榴拿着线团高喊：“放！”“起来了！”孩子们欢呼着。可是风筝抖动了几下，一个倒冲，栽下来了。有时风筝也会迎风扬起，带着孩子们的梦想高高飞翔。男孩们总期盼遇上别家的风筝，好一比高低，都想把对方的风筝线扯断。小时候玩具不多的孩童们，总是自找玩意自娱自乐。与今天的孩子们相比各有乐趣。

在菊苑里有几棵果树，这是小精灵们解馋的第一目标，不管是放学还是路过，总要抬头寻找能放进嘴里的果子，谁先看见果子就谁摘。摘果也很有趣，一根长竹子头劈开几瓣，中间塞一块木头撑成伞叉，对准果子一扭竹子，果子就落到叉子里，不会掉地上摔烂。有时果子长得太高就扔石头把它打下，或者两人使劲摇树，反正就是千方百计要吃到果子。一次，妈妈推着自行车走过石榴树下高喊：“哇，好熟的果子！”蛋花接声喊："是我先看到的！"急忙跑过来，妈妈大笑孩子们像馋猫。人心果树上的果子更诱人，孩子们每天抬着头，数着结了有几个果，这树太高，果子摘不到也摸不着。孩子们只盼着刮风下雨，在树下捡掉下的果子。还有蒲桃树，不高，经常有人爬上爬下。

当时，王老吉工厂在菊苑里的一处角落里，它生产的饮料需要用梅子做的原料，孩子们把这种酸甜原料称为"鸡屎"，因为这种半成品的原料呈黄色、干巴巴的，像鸡屎。等工人们下班后，大孩子们就悄悄溜进车间拿几块藏着解馋。秋菊、龙眼、黄皮就追着紫荆、皇冠、米兰们讨吃。一次皇冠哄黄皮："你闭上眼睛，张大嘴巴，我给你一块'鸡屎'吃。"黄皮随即乖乖地闭上眼张开嘴，调皮的皇冠随即在地上拾了一块干巴的真鸡屎放到他嘴里，引得大家哄堂大笑。菊苑的上空盘旋起欢乐的笑声。

20世纪50年代末60年代初期，国家经济困难，口粮、肉食奇缺，为了改善生活，大花园家里养了几只母鸡。呵，看母鸡

我和同学们

孵蛋可好玩啦，大花园跟着母亲在灯光下学挑拣能孵小鸡的鸡蛋，然后把鸡蛋放到母鸡翅膀下，天天盼望小鸡破壳。21天后，听见吱吱响，大花园拉着蛋花看小鸡破壳。她俩蹑手蹑脚地用细竹子挑开母鸡的翅膀，母鸡疯狂地咕咕直叫，只见鸡蛋里钻出小鸡湿漉漉的头，一会儿湿漉漉的小鸡蹦出了蛋壳，但不能站起来，母鸡用嘴把小鸡挪到翅膀下。不一会儿，毛茸茸的小鸡在母鸡的翅膀下钻进钻出，可爱极了。

小伙伴们经常跑去大花园家看小鸡。一天，细花园倒开水时，小鸡围着她脚边转，一不留神踩到小鸡了，大家一齐惊叫，细花园忙挪开脚，再次踩在刚才的小鸡身上，可怜那小鸡，从此歪了头。妈妈给它名叫“蕙踩”。细花园与这只小鸡产生了感情，天天都要去看它。这歪脖小鸡顽强成长，后来还孵出了小鸡。

一天，菊苑的孩子们结伴去看电影，牵牛的电影票丢了，急得直哭，心果提议大家的票集中一起，一人拿票递给验票员，其他人夹带着牵牛一起拥进去。结果是小伙伴们美美地看了一场电影。这些调皮的行为大家津津乐道了好久。

电影《南海潮》里“拜神”的一幕，深深地吸引着孩子们。一天在大花园的鼓动下，小伙伴们躲到细花园家里点火玩“烧冥纸”。因为是白天，大人不在家，孩子们可以为所欲为。细花园从饭堂买来饭菜，学着电影里的情景一字摆开。皇冠也学着以水代酒祭拜天地。牵牛把纸揉成条，大花园点起火盆，突然细花园大喊：“不好，烧了妈妈的来信啦！”伸手抢出在火盘里燃烧的信，大伙儿赶紧手脚并用地灭火，可是从香港寄来还没阅读的信已烧了半截。吓得牵牛哇哇大哭，追着大花园要她赔信。大花园也害怕了，拿出当年少有的饼干塞给牵牛求她别要赔，可是牵牛不但不依，还直大嚷，说大花园用饼干收买她。这一闹，从小花园到大花园闹翻了天。皇冠看见妹妹受欺负，不管三七二十一拿起粉笔，站到大骑楼的栏杆上踮起脚跟，在柱子最高处写下：自己烧了妈妈的信，赖别人，真不害羞。吵闹了一整天，大人们下班了，大花园的妈妈知道了

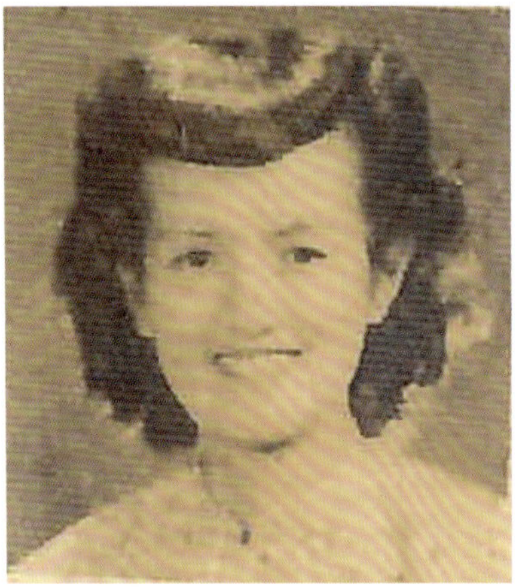
母亲 关爱仙

这件事，批评教育大花园，还带上她去细花园家赔礼道歉。正碰巧细花园的爸爸为这事生气，狠揍牵牛，幸亏当姑婆的妈妈“驾到”给牵牛解围了。大花园的认错、妈妈的道歉，让细花园的爸爸气消了，孩子们也相安无事。相敬如宾，知错即改一直是菊苑里的家风，在八户人居住的宅院里大人们从不发生摩擦，邻里关系和谐，给小辈们树立了良好的榜样。

菊苑里有两间并排的房子把大小花园分隔开，称为“白鸽房”，听说是舅舅们以前养鸽子的地方。石榴和紫荆住在门朝向大花园的那间，细花园的家在门朝小花园的那间。两间的房顶上都开有一个天窗，天窗装有四个轮子，拉动绳子，天窗就可以开关。天窗的作用是采光和透气。一天，石榴看着垂下来拉动天窗的绳子想：这绳子能把我挂起来吗？他鬼使神差般地踏上凳子，把头伸进绳子圈中，一下子没站稳，凳子歪倒了，石榴给悬空挂起。幸亏紫荆进屋看到，赶紧抱住石榴的双腿哭喊“救命”，赶来的大人七手八脚地把石榴放下才没酿成大祸。吓得菊苑的“老神主”——他的外婆不停地喊着“心肝宝贝”。

看见大人们辛勤地赚钱养家，大花园心也痒痒的，她发动大家把铅笔头、橡皮头、小人书积存下来，小伙伴们还一起动手，用石场工人打磨石头后的粉末和水捏成一个个包子，还找了些乱七八糟的杂物，带着小伙伴们在大街上一溜摆开，企望有别的小朋友喜欢上这些“宝贝”并花钱买走。等了半天，不但没人买，还让邻家捣蛋的小孩给搅乱踢烂，这可让菊苑的孩子们伤心了好久。

广州的七八月非常炎热，遇上台风前，天气更闷热，人们像热锅上的蚂蚁，站也不是，坐也不是。每到这个时候，室内根本不能久呆，大家都跑到室外去摇着扇子纳凉。晚上，大家把床板搬到大骑楼，地下泼点水，撑起蚊帐，席地而睡。这下子，孩子们可高兴了，尽管很热，还是从这床跳到那床，满头大汗也全然不顾。只有当母亲讲故事时，孩子们才会平静下来，妈妈边娓娓地讲故事，边不停地摇动扇子，丝丝微风伴随着喃喃轻语，孩子们慢慢地进入梦乡。

大花园的妈妈当老师，每天把一大堆学生们的作业抱回家批改，经常工作到半夜。有一次，大花园一觉醒来，妈妈还在改作业。“妈妈，我能帮忙吗？”大花园稚气的声音提醒了母亲。母亲马上挑出平时成绩最好的学生的作业，先做批改，然后教女儿把改好的作业当范本，对照着批改其他作业本。对的打勾，错的打叉，全对的直接写上5分，有错的放在一旁，让妈妈复改后打分。这样妈妈批改作业快多了，女儿也从中学到知识。妈妈是位知书达理的文化女性，她经常指导孩子们读课外书籍，尽管生活拮据，她还是坚持订阅孩子们有兴趣的杂志、报纸，如《知识就是力量》《小朋友》《红领巾》《少年报》等，让孩子们从小就在知识的海洋中遨游。

学校选上大花园与七八位同学前往白云机场迎接外国来宾，要求穿上漂亮的裙子和皮鞋。大花园有几套漂亮的裙子，都是舅母从香港寄来的。老师叫大花园借出另外的几套。大花园没皮鞋，老师千方百计地为她借来。可是，从没穿过皮鞋的大花园一点也没感觉昂贵皮鞋的漂亮，反而感觉皮鞋磨脚，不好穿。接待外国来宾，要学习礼仪，怎样左手捧鲜花，右手敬少先队礼，手的高低摆放都非常讲究。大花园把学到的这些礼仪带回菊苑不停地炫耀给伙伴们看。那天终于来了，接待的来宾是外国元首，大花园早早起来，穿戴整齐奔进学校。老师为去献花的同学们化妆打扮，然后坐上专车去白云机场。没近距离见过大飞机的大花园充满好奇，兴奋地提问题，老师一一解答。贵宾到了，机场工作人员给孩子们喷洒香水并领着他们到热闹的停机坪。乐声奏响，两列迎宾队伍彩旗飞舞，大花园被这热闹的场景给惊得呆住了，忘了把手中的鲜花献出去，幸亏站后面的老师推一把提醒，大花园才回过神来完成训练了上千遍的系列动作：立正、敬礼、献花、微笑。这事让大花园难以忘怀。

妈妈给大花园做了件带帽子的红色雨衣，蛋花的母亲也用同样的料子给蛋花做了件款式一样的带帽雨衣。下雨天，两个孩子总会不约而同地穿上雨衣，在雨水中嬉戏。最开心的是下大雨时，鸡蛋花树和木棉树总会掉下不少花朵，她俩可以尽情地去捡，没有其他孩子争抢。有时还可以捡到被风雨刮打下来的人心果呢。这些捡回家的花朵可有用了，在炎热的夏天可以用作凉茶材料解暑。

1963年的大年三十，妈妈在家忙着蒸糕、煮美食、搞卫生，吩咐皇冠带上妹妹大花园去她学校附近的花市逛逛。广州人有“卖懒卖懒，卖到年三十晚”的习俗，意思就是说把身上的懒气，都带到年三十晚上的花市上卖掉，来年就会勤快。每年的花市都非常热闹，是孩子们一定要去玩的地方。张灯结彩的花市上除了有卖时令花果的外还有戏曲演出，人山人海，热闹非凡。皇冠被精彩的节目吸引住了，停下了脚步，大花园随

1969年作者（左一）与童年伙伴

着挤拥的人流走，不知不觉间两姐妹走散了。惊恐的大花园不停地喊“姐姐”，一位维持秩序的工作人员把她带到临时建立在第三中学的花市指挥部，那里已经有多位迷路的小孩。几位学生在安抚这些“迷途羔羊”，一会儿给他们糖果吃，一会儿了解迷童姓名、住址等情况，花市上的高音喇叭不断播出寻人广告。不知过了多久，看戏的皇冠发现丢了妹妹，焦急地顺着来时方向的路寻找，并赶紧回家告诉妈妈。正忙得不可开交的妈妈叮嘱皇冠继续回去仔细寻找，务必把妹妹找回。皇冠又急忙跑回花市，大街小巷地寻妹妹。到了深夜，花市指挥部安排一位顺道回家的学生带大花园回家，妈妈非常高兴，谢过学生后张罗大花园与弟弟上床睡觉，自己边忙乎洗刷衣被等家务活，边等皇冠回家。子时过后，花市已经结束，懊丧的皇冠拖着疲倦的身体回到家，才知道妹妹已经安全回家。

同年，政府要征用菊苑用地建学校，大人们都忙于谈搬迁安置等事项，并收拾行李准备搬家。孩子们也在兴奋地议论新家地点、将转的新学校的概况等，并多次结伴前往位于闹市区的新居和各自未来的新学校观看。几个月后，细花园家和绣球家第一批搬出，接着大花园、春兰、秋菊也搬家了。最后搬出的是老神主姨妈及紫荆、石榴家。

这座祖辈留下的经历了风雨磨砺的菊苑，随着时代变迁悄然谢幕，它留给三代人无尽的追忆，也谱写下孙辈们童年的快乐时光。别了宅院，唯一能告慰九泉下祖宗们的是，它将建为学校，毕竟文化事业是兴邦振国之大业！别了大小花园，它将在孙辈们心中留下永恒记忆！

1.2 变迁移居

1964年，菊苑的八户人家、七户亲戚集体搬迁到同一栋新楼房，这新楼房一共四层，一层和四层是两个单位的宿舍房，二、三楼是搬迁户，菊苑的亲戚们除了蛋花家和他外婆住三楼外，其他亲戚都住在二楼。这座新楼的设计呈“L”形，每层十一户，几户人共用厨、厕。细花园家和大花园家与另外两户人家同用一个厨房。厨房窄小，细花园把靠窗边最好的空间腾出让给姑婆、大花园家，自家炉灶挪到里面角边。没了油盐两家掺用，炉子灭了帮忙点着，相互照应情深意重。细花园的妈妈在香港，学习、生活上的细节多由当姑婆的大花园母亲照料。大花园的父亲不在身边，遇到大事找人商议，大花园的母亲就与细花园的父亲细细斟酌。孩子们之间更是嬉戏无间。

搬家以后，菊苑的小伙伴们虽然同住一栋楼，却分散去了不同的几所学校，大花园和牵牛、春兰、心果、丁香同学校却不同班级。龙果和秋菊在另外一所学校，他们每天一起上学放学，形影不离。

星期天，春风拂面，妈妈利用假日组织她班上学习优秀的学生去公园春游，也叫上了自己的孩子和细花园姐弟仨。前一天，在妈妈的吩咐下大花园用外婆从香港寄回的白面粉做成馒头，准备作旅行的午餐。揉面做馒头，对南方长大的孩子可是件很惬意的事情，是一次游戏过程。不但可以随心所欲地捏出各种各样的物件，还可以品尝自己的劳动成果。

小时候，去公园玩是最开心的事。在公园里除了捉迷藏、做游戏，还可以划船。之前，妈妈曾带皇冠和大花园去划船，积累了点点经验，妈妈安排她俩各带一船学生和小伙伴。龙果年龄小，与胆子小的学生一起跟妈妈一船。小船摇摇晃晃地离岸，在湖面上打转，妈妈高喊着指挥隔船的大花园掌舵，并不厌其烦地一次次示范使用桨的方法，撬水、拨水、深划等，教同船的孩子们一起使劲，水桨尽量往水深处划，大家很快掌握了要领，虽然偶尔撞船、打转，但笑语盖过了一切。妈妈让大家比赛前行，各船队的孩子们齐心合力使劲划，兴奋的呼喊声此起彼伏，湖面上层层涟漪飘荡着孩子们的欢声笑语 ……

夏天，慈祥的母亲常常带着不谙世故的儿女与小伙伴们去游泳，在游泳池里，妈妈教孩子们深吸气，钻到水里屏着呼吸手抱双腿浮起，浮冬瓜、踩水影、手扶池边，或两人一组练习蛙泳、自由泳的腿部动作，还示范讲解仰泳、蛙泳、自由泳的

妈妈带我们秋游

不同点，分别托着每个孩子的身体让他们感受浮在水面的感觉。游戏学习融为一体的教育使七八个孩子在母亲的指导下全学会了游泳。母亲一人带着三个孩子尽管很忙，还是抽出时间带领菊苑的孩子们去亲近大自然，教会他们下各种棋类、打桥牌等游戏。妈妈还经常教孩子们做作业。妈妈真不愧是新女性的代表，她善良、博爱、伟大，用乐观向上、刻苦耐劳的精神影响着孩子们，是他们尊敬的楷模。

天蒙蒙亮，大花园爬起，怕吵醒妈妈，蹑手蹑脚地跑出家门。她溜到细花园家门外，轻轻拉动穿过门上窗户的绳子，绳子的另一端绑着心果的手腕，心果醒了，连忙叫起他的姐

搬入新居后的童年伙伴合照

妹们，又悄悄地用同样方法分头去叫醒蛋花与丁香，然后一行人打着手电筒前往海珠广场晨跑，还分队练习学校里学到的手旗通信操。手旗都是用旧白布和旧红领巾自己缝制的，“唉呀”“玻璃”的手旗语表大家都背得滚瓜烂熟，短语的通信非常好玩。小伙伴们还用木头自制红樱枪，练刺杀、做木偶、跳橡皮筋等。不知不觉中，菊苑的小伙伴们从儿童时的游戏转换到少年游戏了。

一天中午，牵牛缠着大花园帮忙剪头发，因为要赶时间回学校上课，匆忙中剪刀把牵牛的耳垂剪破了，牵牛“啊”的一声惨叫，捂住流血的耳朵要大花园赔耳朵。大花园拿起书包飞快逃回学校，牵牛边哭喊，边追着大花园奔跑。她们在亲密嬉戏与哭扯吵闹中快乐成长。

1966年“文化大革命”开始，硝烟四起，一会儿抄家破四旧，一会儿“黑七类”戴高帽游街，一会儿敲盆打锣鸣警告，一会儿两派争斗响枪声。学校停课闹“革命”，学生每天上街贴标语、跳“忠”字舞，抄写“大字报”。紧接着学生“大串连”开始，中学生都穿州过省去“闹革命”，还是小学生的大花园和牵牛等六位女同学也学长征精神，搭伴背上棉被行李步行前往花县。学校开了证明，收拾好行装，准备好路线图出发。11月北风呼呼，开始时大家都很兴奋，有说有笑的，走了一会累得不行便坐在公路边不愿再走。最麻烦的事是上厕所，沿途公厕不多，实在急了只能在稍隐蔽的地方方便。天冷，手冻僵了，大花园的裤子扣不上，急得直喊牵牛帮忙。有位同学脚上打了泡，哭丧着脸要往回走，大家一起鼓励着唱起《下定决心，不怕牺牲》歌曲，互相牵扶着坚持走到了花县。

学校停课了，孩子们每天除了做红缨枪、练红缨操，就是跳“忠”字舞，或者与小伙伴们去排队买毛主席像章、背诵毛主席语录。有时也与同学们到公共汽车上宣传毛主席语录。

皇冠带着妹妹大花园去同学家玩，那位同学正在拉小提琴，悠扬的琴声和优雅的姿态深深地吸引了大花园。回家后，

小学秋游

一直给妈妈讲小提琴，并缠着妈妈想要学。妈妈看见孩子喜欢而且又不用上学没事可干，就咬牙花了半个月的工资，在旧货摊买了把旧小提琴。大花园可开心了，跑到新华书店翻看了半天，用零花钱买了本《小提琴入门法》，吱吱呀呀地学着练习运弓。适逢一位会拉小提琴的远房亲戚探亲休假，住在姨妈家，大花园向他请教，表哥很耐心地教她调琴音并示范拉琴姿势、握弓、运弓等技法。没多久，一位当兵的外省朋友来大花园家小住，他用椰子壳、青蛙皮和木棍自制了把二胡，还教皇冠与大花园拉歌曲。妈妈又花几块钱买了把秦琴，加上皇冠原有的口琴，可热闹啦。每天小伙伴们聚在大花园家吹、拉、弹、唱，又是一轮新鲜玩意。

大花园的裤子破了就跑到牵牛家借用缝纫机缝补。牵牛家的缝纫机是她在香港工作的妈妈省吃俭用，积攒了一定数量的华侨购物券才买到的。这机器成了孩子们的神秘高级玩具，经

妈妈和我们姐弟仨

常趁着大人们不在家时偷偷去鼓捣一下，踩着脚踏机器飞转，那真叫痛快。牵牛提醒大花园：“小心，别扎手！”话音刚落，“咔嚓”一声，缝纫机针扎断了，直插穿过大花园左手食指，疼得她眼泪直流。牵牛赶紧帮忙拔插在指尖上的断针，慌乱中拔针的方向错了，更疼得大花园直跺脚。牵牛手忙脚乱地帮她止血包扎，还关心不停地问疼不疼。当大花园哭丧着脸诚惶诚恐地举着包扎好的伤口告诉刚下班的妈妈时，妈妈却轻描淡写地说了句：“以后小心点。”

轰轰烈烈的“文化大革命”运动气氛越来越紧张，直捣大人们的灵魂，也拨动孩子们的神经。大花园的妈妈和蛋花的父亲都是老师，要集中隔离“学习”，与其说学习不如说审查。妈妈不在家，大花园三姐弟互相照顾着，懂事了很多。他们学会了买菜、做饭、擦地板、洗衣服、收拾房子等家务活。过了半个多月，妈妈回家了，并严肃地告诉孩子们父亲的去向，孩子们明白自己成了“狗崽子”，只能在别人的白眼下偷生，一言一行都要格外谨慎。妈妈把家中镜框里的古画全烧掉，换成了毛主席语录。害怕随时随地被抄家，大花园拒绝同学们来家玩，每次与小伙伴们交流都小心翼翼的，似乎空气里也凝聚着恐惧。

战战兢兢地过了一段日子后，皇冠、石榴、芙蓉响应“知识青年到农村去，到广阔天地去”的号召离开家人和学校，上山下乡去了。没多久，妈妈也带着大花园和龙果离开了广州。

生活的变迁，恰如被夷为平地的“菊苑”围墙，里面的故事渐行渐远，成为人生驿站中挥之不去的回忆。“大花园”作为我的绰号，也成了深深埋藏于心底的记忆。

菊苑全景图

2. 知青经历

2.1 汗滴罗浮

泪眼愁肠地期盼被流放的丈夫早日回到身边，希望成长中的儿女们有个完整的家，妈妈毅然带着儿女报名离城下乡。希望离开了喧嚣繁闹的大城市到僻乡静土的农村后，被划为“右派”离家十多年的丈夫就可以回家团聚。

带着幻想的妈妈没与任何人商量的仓促决定，一下子改变了我们一家的命运。只有两天的收拾时间，就要搬迁离城。在匆忙中，还没到15岁的我遵照母亲的吩咐，回学校办理肄业，又跑去派出所办理户口、粮食迁移等手续，然后赶回家帮妈妈整理行装。妈妈的同事也来帮忙收拾。第三天，我们出发了，懵懵懂懂的我牵着弟弟的手登上了装满家具的货车。茫茫天地，这一去路在何方？全然不知。我以为像过去学校组织下乡劳动般好玩、新鲜，忙完了就回，想来实在天真。妈妈原单位的校长亲自随车送行，汽车开出时，妈妈所教班级的学生们集体赶来，依依不舍地挥手道别。

我们下乡的村庄位于罗浮山脚旁。云雾缭绕的大山旁，无边无际的稻田，隔挡了通往城市的公路。没有了霓虹灯和熟悉的街道，看不到朝夕相处的伙伴和同学，一切是那么陌生，虚无飘渺的静寂和一种精神恐惧紧紧束缚住灵魂。

生产队安排我们一家住进刚去世的五保户住过的泥砖房子，十来平方米，没有厨房、卫生间，也没有窗户、家具，只有脚踩出油黑的泥土地面。长河落日，大雁哀号，背井离乡的孤凄，与渗入血肉的恐惧，心感晦暗萧瑟，不寒而栗。妈妈告诉我，生产队只有小学，12岁的弟弟可以继续上学读书，而我则不能再读书了，要与村民们一起下田劳动，挣工分养家。少年的美梦戛然而止，才意识到处境的艰辛，此恨绵绵无绝期……

生产队里共有10多名响应号召上山下乡的广州知青，5名是新来的，其余的是早几年从社会来的老知青，他们已尝过生活的酸甜苦辣，对艰苦难熬的农村生活，自有一套应对的做

父母与证婚人梁漱溟先生夫妇

法，故尔有点慢条斯理的“油条”味。新知青刚走出校门，充满青春活力，朝气蓬勃。新老知青之间表面若无其事，却有道无形的墙。

在知青中我的年龄最小，与新知青们下乡的时间相仿，出于“同是天涯沦落人”的怜惜，他们像照顾妹妹般地带着我。开工时大家一路同行，工余一起放声高歌，煮了好吃的一起端碗，一起聊人生、议前程，处处燃起青春的火焰，大家的关心与照顾，点点滴滴，情深难忘。

以前农村的燃料，主要是稻田里收割后的禾秆，由生产队按人口统一分配给各户储存自用。新知青到来时已过了收割期，没分到禾秆，无燃料烧饭。生产队安排一名大姐带着三名新知青和我上罗浮山去割山草作燃料。从未有上山经验的女知青们一路兴致勃勃、谈笑风生。大姐带着我们上山四处寻找，绕过几处岔道，终于在一处山坳里找到一片浓草。大姐先用竹竿拍打密草，试探有没有黄蜂、蛇虫、鼠蚁之类，然后示范割

当年下乡时住过的房子

草方法，手把手教大家把割下的草整理成团，最后帮助大家捆绑好，把最小捆的草墩担子给我挑。没走多远大家已累得气喘吁吁，可天色已晚，大姐催促大家坚持并赶紧下山，因为山里的天气说变就变。我们只好疑惑又无奈地挑起草担匆匆赶路。没走过山路的知青们只在书本上念过“山雨欲来风满楼”的诗句，却从未遇过“山雨来袭”的危险。才走几步，豆大的雨点劈脸打来，脚下的路开始变得泥泞。大家没带任何雨具，只有一顶草帽，任凭雨水劈脸顺腮而流，没一会全身湿透。来时踏着石头走过的小溪水位猛涨，大家赶紧蹚水过溪。我走在最后，看着溪水已没过小腿，不敢迈步，已到对岸的一位知青姐姐看见，放下自己挑着的草担转回来接挑起我的草担，并鼓励我跟着她深一脚浅一脚艰难地涉水。一不小心，知青姐姐一脚踏空，跪倒在溪水中，挑着的草担也泡在水里，她死死地抓住草担不让大水冲走，跟在后面的我赶紧扶她站起。慌乱中割草的镰刀割破了手腕，鲜血直流。顾不了疼痛，过溪要紧。暴雨还在急下，雨水打得人睁不开眼。转眼间，浑浊的溪水已快漫过膝盖，再不赶紧蹚过小溪就难以上岸了，大姐扯着嗓子喊：“快！快！”大家一齐把知青姐姐和我连推带拉地拖上了岸。经雨水浇淋过的草担越发沉重，前行更为艰难。大姐让大家把各自挑的柴草抽掉一些以减轻重量，稍作喘息后又挑起湿沉沉的草担继续赶路。走走停停，实在走得艰辛，我与前面的队伍距离越拉越远，雨水、汗水掺混着泪水直往下淌，这才知道“艰辛”的含义。几位女知青也越走越慢。大姐鼓励大伙坚持，一定要把柴草挑到山下的公路上，明天用手推车拉回去，否则今天就白干了。大家咬牙坚持连推带拉地把草垛堆到公路边，而大姐坚持把她那担最大最沉的湿草墩挑回去交差，知青们拖着疲惫的身体，灰溜溜地空手而回。

日升月落，我随着大伙一起开工劳作，每天中午回家，妈妈已准备好饭菜放在锅里，就与几位农民小孩一起去放牛。放牛是农村安排给孩童或老人最轻的农活，但是对在城市生活了50多年的妈妈来说却非常不容易。水牛力气大，使起劲来妈妈牵不住，放开缰绳牛儿跑远了妈妈追不上。牵着牛走吧，她从来没光着脚丫在高低不平的田埂上走过，如同过独木桥似的。尽管经常摔跤扭伤脚，还是没办法让牛儿吃饱，有时她只顾低头看脚下的路，一不留神，牛把田里的禾苗吃了一大片。在那非常年代，随时可以上纲上线的呀。可乐观的妈妈没半点气馁，顶住艰辛，一步一步拓开生活的逆道。聪明的妈妈还想了个法子，给一起放牛的孩子们讲故事、教他们做作业。这下可好了，孩子们都围在她身边，并主动替妈妈牵牛、赶牛、找牛，还给妈妈递水、扇凉。妈妈喜欢唱歌，常在旷野里高歌，并教会孩子们唱歌、学英语，渐渐地，其他生产队的放牛娃也都喜欢聚在她身边，听她讲故事、解难题。患有近视的妈妈在田野看见被旋风吹起的干枯稻草，以为是小鸟满天飞，兴奋地大喊：快看，好多小鸟、好多小鸟，逗乐了娃儿们。在黄尘漫漫、苍凉萧瑟的时光中，已步履蹒跚的妈妈丝毫没被逆境吓倒，眷眷不移地等待与朝思暮想的父亲团聚。

农村的生活异常艰苦，分配的粮食少，每到月底只能熬粥喝。而我和弟弟正值发育期，吃不饱、没营养，这可急坏了妈

“文革”时的童年伙伴

妈。妈妈想办法改善生活，买下邻家农民的小孩抓来的小鱼、青蛙、田鼠等，改善生活。她还在房后垒墙养鸡，本想给孩子们补充营养，却被告知要上交任务，而且还规定重量。妈妈选了一只最大的公鸡上交，可还差了一两，弟弟给鸡塞喂、填饱以增重量。可怜那鸡本已吃饱，再被填塞，一登脚撑死了。任务没完成，一家人却美美地吃了顿大餐。

一天，弟弟突然被人斥骂“狗崽子”，还无端地挨了鞭子，屈辱感油然而起。这斑驳血腥的人性面孔，让我彻底明白我们一家是在歧视和冷眼下生存。似悟非懂的心灰意冷与翻云覆雨的痛苦缠绕心身，无处发泄，无人倾诉，唯一可以寄托的只有妈妈在旧货摊买的小提琴。我不断地拉空弦，反复地翻看《小提琴入门法》，细细琢磨远方大舅的来信。似乎这样才能短暂地忘却世间的不平。

农村没有自来水，能饮用的唯一水沟位于下游，饮用水都必须一大早从沟里挑回，洗衣服要到沟边蹲着搓洗。这可苦透了大半辈子用惯自来水的妈妈，毕竟已上年龄，弯腰久了酸痛直不起，蹲久了也不行。有一回，生火煮饭，还没习惯烧稻草杆的妈妈，不小心把灶膛外的干草杆燃着，火苗扑腾窜起，妈妈不知所措，幸亏邻家男孩路过帮忙才避免大祸。农村生活环境、生活方式的改变、丈夫“右派”的压力、一堆生活的难题、抚养一双儿女成长的重担，让妈妈累得病倒了。才13岁的弟弟担负起家里的杂务，天没亮就起床挑水、喂鸡。劳作一天的我，回家后洗衣做饭、忙前顾后。妈妈撑顶起散碎的家，她没有呼天哭地，也没有

陪我度过8年农村生活的小提琴

怨恨命运的不公，只是用她坚强、积极的人生观，默默地影响着我们。多年后，八十多岁的母亲手术后在命如游丝的最后日子里，依然用她的歌声叮嘱我要积极面对人生，鼓励我坚强地前行！

农村，一年到头都有干不完的活，日升而作日落而归。好不容易盼来国家规定的节日假，可还要为煮饭的燃料发愁。虽然妈妈每天走村头跑村尾地去捡树枝扫落叶，可燃料还是短缺。我和弟弟商议，趁假日跟随邻家伯伯上山砍柴。我们从邻居家借来挑柴的竹杠和绳子，拿着柴刀，屁颠颠地跟着村民上山。到了山上我俩合力砍了几根树杈，弟弟的同学帮忙捆绑好，就赶紧下山。偌大的罗浮山，山道蜿蜒崎岖，不小心走错就难以找到回家的路。挑着柴担的村民走得飞快，我们姐弟俩不敢怠慢，轮流挑着一担柴紧随其后。我挑着担往前走，突然发现弟弟没跟上，急得大喊，原来细心的弟弟看见路边有落下的松果，脱下裤子用草绑上裤脚口沿途捡松果。松果有松油，这可比妈妈捡树叶耐烧。到家了，等急了的妈妈泪流满面，虽然几根柴加上弟弟捡的松果掺着草秆够烧一阵子，但儿女肩上的红肿块和脚上的血泡让妈妈心痛不已。

冬天刚过，春耕便开始了。每天清晨，我还在睡梦中，便会被生产队的开工哨叫醒去插秧。顶着寒冷下田插秧，并非易事。插秧时除了要不断后退的弓箭步扎稳、身体随腰力左右摆动，还要盯看横、竖的秧行，两手相互配合，拿着秧苗的左手拇指不停地分拨出的秧苗要均匀，右手取过左手分出的秧苗往田里插下时要对齐已插上的秧行。更痛苦的是，手指夹着秧苗不断地往田里插，一天下来指甲塞满泥水，又麻又涨又疼。有经验的村民用绳子从田头拉一根直线到田尾，由插秧高手插下秧苗起行，然后接插。不但横行、竖行要直，而且前面的不能比后面的慢。而我顾得了左手、忘了右手，很难协调，插的秧苗不但不成行，而且插得慢。大家都不愿意在我旁边接行，让我去田边，补插三尖八角不规整的地方。那些地方，无须顾及旁边人的接插，也不讲求速度，但是接近田边，宽窄距离不等，不容易控制。窄时不停后退，腰和腿都特别酸痛；宽时却整个身体贴近泥土也攀不上接行，所以一般人都不愿意在这些地方插秧。被瞧不起和备受冷落的我发狠心一定要学会插秧，而且要比别人强。每天收工后我拿着粉笔在地面画上横线，右手拿着粉笔当秧苗，一下一下地往地上的横线里点，并脚步后移练习横直线对齐。没多久，我的插秧技术有了质的飞跃，不但能横直对行，而且速度很快，能与一级劳动力的插秧能手并肩前行。插秧时不停上下快速拨动的手把泥水带起，溅得衣服湿漉漉的，弄得像个泥猴，过路的村民常停步观看并报以亲切的戏谑。县里领导来生产队召开双夏现场会，队长安排我和另一位男村民作插秧示范。我俩在田里操练比赛了几天，引来村民围观、喝彩。之前的疲惫、失意、茫然、无奈、落寞抛到九霄云外。

后来，公社普及机械化种田，举办半自动插秧机使用学习班。生产队安排我去学习操作技能，并买回一台机器让我操作、管理，还安排助手帮忙。领导的信任与对机械化耕种的向往，让我有了满腔热情去认真学习。机器插秧快多了，拉动一下可以插7—12撮秧，比人工速度快7倍以上。毕竟是半机械的插秧机，需要人拉动机器倒退着走，边走边摇动机器插下一行秧。在凹凸不平的水田里拉动机器很费劲，水田必须犁耙得很平整机器才好拉动。如果深浅不平，插秧机陷入泥坑，则要费九牛二虎之力拉动机器。机器插秧速度快，需要大量秧苗，为此生产队安排了多名学生帮忙打秧。每天晚饭后，已疲惫不堪的我也会赶到秧田打秧，因为被信任，我也似乎找到了些许人生的意义。在颠沛的尘世中，我逐渐懂得寄希望于快乐。

春耕过后又转入种花生、甘蔗等农副产品的时节。接着是水稻护养，每天不是耘田就是施肥、打药、拔草。还没来得及喘息，双夏大忙又开始了。时值6、7月，南方炎热的夏天，双脚泡在被太阳晒得滚烫的稻田里，脸朝黄土背朝天地割禾，才知道“汗滴禾下土”的滋味呀。尽管割禾很累，但在水稻田里偶尔会发现有泥鳅、黄鳝。有天早晨，我发现水田里好多小洞，有经验的农民告诉我，顺洞往下抠会有田螺，原来，每到下雨前田螺都会跑到水面打洞。

在农村时的妈妈、姐姐、弟弟和我

夏种刚过没多久又到繁忙的秋收。秋割水稻与夏割稻不一样，夏季割的稻田有水，以便马上把割后的禾茬犁翻沤烂，赶紧再种上晚稻。而秋天收割后的稻田需要翻晒减少虫害。所以，晚稻田里不用蓄水，收割时蹲着割，尽量把禾秆都割下作燃料。我学着农民们割稻，不是镰刀割手就是禾秆划手，只好到田角去脱粒。秋收的稻子在田里就人工脱粒，把割倒的稻子高高举起，用力打在木桶边上，让谷子与禾秆分离。力小了谷子掉不下来，使劲打没一会腰酸背痛。我与知青们轮流操作，好不容易熬到中午收工时，每人还要把打出来的谷子分担挑回生产队的晒谷场。那个时间又累又饿，还要挑起几百斤稻谷，那个苦呀，真真沁入骨髓，提起还心有戚戚焉。中午回家扒了几口饭菜后，又顶着烈阳翻晒稻秆草，并把晒干的稻秆挑回家以备一年燃料之用。下午继续割水稻，从早到晚没有一刻停歇。弟弟体谅我的辛苦，每天放学后骑自行车到田头帮忙载运干稻秆。他一手把车头，另一手扶扁担，来回运送，虽然每次运的数量不多，但总比人挑着走快多了。妈妈在家里接力，把一捆捆稻秆堆放整齐。弟弟的举动引得村民们纷纷效仿。没多久，在生产队的支持下，家家户户都做了两轮小推车，一定程度上减轻了农民们挑担的艰辛。

一天深夜我肚子疼，辗转难眠，妈妈推着自行车带我去公社卫生院就诊。夜半更深，漆黑的村道虫鸣蛙叫，非常可怕。妈妈不断抚慰我，还边走边教：黑泥、白石、光水尬。妈妈有意分散我的注意力，也教我在黑暗中走路时，该如何辨清路况：黑色的是泥土，白色的是石头，如果是发光的就是水。妈妈经常在有意无意间教我们生活的常识。比如吃饭时她会说："食不言，寝不语。""有功者留饭不留菜，无功者饭菜不留。"天边有红霞，她会说："朝起红霞晚落雨，晚起红霞晒赤柱。"刮风了，她会说："朝三晚七下午刮风不过日。""春寒雨至，冬雨汗流。"农村的艰苦岁月里妈妈总是乐呵呵地说："天跌下来当被盖。"在她眼里，荣华如梦，过而无痕。她用乐观的精神、深挚的情怀影响着我们。

一天，家里来了位陌生男人，妈妈告诉我这是爸爸，爸爸突然回家了。"从别后，忆相逢，几回魂梦与君同"，妈妈终于盼回了久等的丈夫。可为了这爱，妈妈几乎牺牲了所有的一切。我打量了好久"陌生人"，多年来一直想喊爸爸，而爸爸长得怎样都不知道，虽然有书信来往，可始终无法对着陌生人开口喊爸爸。而盼了多年女儿的父亲急不可待了，拿着千里迢迢买回的礼物说："不叫我就别吃我带回来的食品。"可是正当逆反期的我却宁愿不吃令人嘴馋的食物，也不肯喊一声曾朝思暮想的爸爸。从懂事起我就没见过父亲，听妈妈说父亲在北国当老师，一直信以为真，心中充满自豪。直到残酷的"文化大革命"开始，妈妈拉着才12岁的我，严肃地说："你的父亲被划为'右派'，需要劳动教养。以前你年纪小，一直没告诉你，现在你该懂事了，要明白父亲只是劳动教养不是劳改，是人民内部矛盾，不久就能回家的。"妈妈的话如晴天霹雳，霎时间，自己成了时代抛弃的"狗崽子"，以前的快乐与幸

父母、姐姐、弟弟和我的唯一合家照

福，烟消云散。翻天覆地的痛苦如泰山压顶，我开始尝到了人生的酸辣滋味。如今父亲回家了，起码有了一家人团聚的幸福。可眼前的父亲皱纹纵横、鬓发斑白，没有想象中的文质彬彬，却一会挑剔这，一会指责那，更是埋怨我不肯喊他。而我也不理解潦倒、失意、怅惘、无奈的文人父亲是多么渴望听见女儿的呼唤啊。一次饭间，我无意中说菜有点咸，是否盐放多了？父亲听见不顺耳，生气地掀翻了饭桌，骂我不懂事。我感觉父亲借题发挥，无理取闹，我们之间的矛盾日益加剧。从此我回家不吭声，与父亲碰面绷着脸。愿意帮妈妈做事，却不理睬父亲。这让伤透心的父亲更为暴躁。看在眼里的母亲夹在我们父女之间干焦急，说我不听，劝父亲没用，家庭矛盾再次陷入冰点。

生产队下达养猪任务，这可苦了从没养猪经验的我们一家。猪不但吃得多，而且要吃熟食，本来燃料就不够用，再加上要煮猪食，就更是雪上加霜。父亲想到用发酵的办法解决猪熟食，他把薯藤菜叶剁碎放到缸里，一层米糠一层薯藤碎，层层叠叠加满再密封，几天后，缸里透出香味，再舀出喂猪。这样经过发酵，猪不但爱吃，还长得快。这知识分子的父亲，会使用科学喂养法哦，猪慢慢长大越吃越多，猪粮不够，我跟随伙伴到野外拔草，掺和发酵的饲料喂猪。一家人忙碌着，可我依然对父亲不理不睬。

转眼又过暑冬，16岁的弟弟初中毕业了，尽管成绩优秀，但因父亲是“右派”，不能读高中，只能务农。妈妈为弟弟找了位木匠师傅学手艺，希望以后能生活有依。弟弟明白妈妈的苦心，用心刻苦地学习，没多久就帮广州的几家亲戚做起了当时流行的酒柜、餐桌等家具。几个月后，弟弟给家里也做了衣柜、饭桌、凳子等家具。全村不少人都来看弟弟的好手艺。生产队长不再安排弟弟下田，叫他帮着修犁耙、鼓风机等农具，弟弟成了“稀缺”人才。

1958年，我与父亲雷子震在离宫

随着“扎根一辈子”的政策变动，生产队里的知青开始陆续返城。而我却因父亲是“右派”，加之全家在农村，回城的希望很渺茫。送走一位又一位几年来朝夕相伴的好朋友，自己却怆然泪下。

公社接到县委下达的水利建设工程任务，要求各大队派出民兵参加会战，时间一年。我赶紧报名离家参加水利建设，一来为了逃避与父亲的矛盾冲突，二来也想出外尝试“战天斗地”的激情，更大原因是可以忘却知青好友瑟瑟离去的愁情。

这项水利建设工程浩大，各地调派数万青年要把山坡挖成水库。我所在的大队从各生产队抽调12名青年，汇合公社各路青年一起前往会战。出发那天，弟弟骑着自行车送我到公社集合。车开动前夕看不到弟弟，四处张望，突然看见他急急跑到车前递上一包酸梅果说：“二姐，还记得我们打赌吃话梅吗？没买着，买了酸梅。”顿时，我热泪盈眶。小时候，妈妈用微薄的工资为我们姐弟俩每人买了一盒最爱吃的话梅，我俩打赌，如果我能咽下一羹匙盐，弟弟就把不舍得吃的话梅全送我。现在姐弟离别，弟弟买来酸梅，这儿时的戏语顿时在我心窝里炸开，这含意、这深情，缠绵绕骨，牵动思绪。我知道，弟弟为了前途即将远走他乡，这次离别，不知何时才能相见。这样的姐弟情让我泪流满面。弟弟随母亲下乡时年龄小，还在读书，所以他的身份待遇不能算知青，更伤心的是尽管弟弟学习成绩名列前茅，在全校毕业生中最优秀，却因为出身不好，不能读高中。万般无奈下他含泪对母亲说：“现在我们一家在农村幸亏有香港的舅舅照顾，将来怎么办，谁照顾我？在这里我没前途，怎么干都低人三分，我要去香港找出路。”那个年代，很多知青看不到出路都偷渡到香港，当时的香港被誉为自由港，是许多人心目中的天堂。妈妈听了儿子无比悲催的话语，大为吃惊，“点滴芭蕉心欲碎”呀！但细想，也蛮有道理，不让儿子去，他没前途，让儿子去，意味着不知还有没有再见面的机会。深思熟虑后，妈妈想通了，她叮嘱儿子，要做好充分准备。至此，一有空妈妈就教儿子看天象、分辨东南西北、野外生存等方法，还教他学英语，妈妈想把所有的知识都偷偷地传授给儿子。今日姐弟俩心有感应，虽然弟弟远走还没期，但此次离别已足心碎。

到了工地，公社的带队领导把前去的10名女青年组成铁姑娘队，其他男青年以大队分组包工完成分配的土方量。铁姑娘队分配的任务与各男青年队一样：用铁钎撬动山石，铁铲铲土装车运去填山沟，硬生生把山挖掉，真可谓“愚公移山”呀。大家起早贪黑地拼命地干，姑娘们力气不够，一块山石要撬好半天才能撬动，拿锄头、铁锹的手打满血泡，任务完不成还要加班加点。姑娘们铆足了劲去干，要与男子汉们比高低。推小车运土方也不轻松，顺着斜道一路急跑，双腿累得迈不动。我咬牙挺着，深知自己出身不好，只有拼命劳动、表现好，才能

修水利的铁姑娘队员

让人看得起，才会有前途。“身世恨，共谁语”，满腹凄怆，强忍泪，日复一日地埋头苦干，终于，我病倒了。在家的弟弟骑上自行车翻山越岭跑了100多千米路去看望我。姐弟见面异常兴奋，我们这一对经历了太多沧桑的同藤苦瓜，为命运、为前途用不同方式抗争，其间的酸甜苦辣，自己知道。我病了吃得不好，弟弟带来妈妈晒的腊肠，还带来自己做的简易酒精炉，叮嘱我保重身体。我心疼弟弟远途辛苦，弟弟却轻描淡写地说这是练兵，并告诉我决定走了，这次来也是告别。人生聚散各有因，唯恨时太短。心感惘然，愁云叠嶂。何日再相见？

战天斗地的水利工程热火朝天，某天深夜，突然哨声猛起，集合声、哨声，此起彼伏，工地附近的山林着火，铁姑娘们汇合整个工地的民兵进山灭火。山火非常猛烈，这边扑灭，那边又起，浓烟滚滚，呛得人眼泪直流。一位民兵被浓烟熏昏，身体直往火海里倒，幸亏几位队员手快，合力把他拉住。肆意乱窜的火星，把我衣服后背烧了几个小洞。队长不停地叮嘱大家不要太靠近火源，要互相照应，紧紧跟队。因为没有救火经验，大家在山里转了两天两夜还没扑灭山火。队员们累得东倒西歪，饿了啃几块饼干，渴了在山沟里舀水解渴。晚上，一片漆黑，山风呼啸，冷飕飕的真有点可怕。大家围圈而坐，中间烧火取暖，可没一会儿背后冷得受不了。又冷又饿又累又怕，好不容易熬到天亮。第三天终于有灭山火专家前来指导。专家要求大家离开火场5千米外较为空旷的地方排成一行，筑成人墙，点火燃烧前方，大家一齐顺风把火往前赶，以此造成隔火带。下午4点多，终于控制了火势。疲惫的队伍接到指令往后撤，后面的工作交给四方前来支援的队伍。又累又饿，吃了几天饼干的我口腔全溃疡了，一到工棚倒头便睡。这一觉可香了，足足两天，整个工地静悄悄的。几天后，我阑尾炎发作，工地卫生院医生建议转到县城医院治疗，并叮嘱我去县城的途中到附近卫生院注射消炎针。到了县城医院，不知是消炎针的作用还是其他原因，医生不确诊为阑尾炎，建议回家好好休息。回家第二天，我又急急回到工地，投入热火朝天的水利建设工程中。

修水库的铁姑娘劳动照

用钢钎叩醒群山。

遍地英雄

周 苇 李洁新 配诗 本报记者 摄影

刊登于1975年《广东画报》的铁姑娘们

铁姑娘队的拼搏精神惊动了工地党委，高音喇叭不断地播放铁姑娘队的战绩。广东画报的记者跑到工地实地采访，给我们拍照。记者得知我是来自广州的知青，竖起大拇指夸赞，并鼓励我要更上一层楼。没多久广东画报刊登了水东坡水利建设工程的报导，我和铁姑娘们英姿飒爽的风姿和战天斗地的劳动场面登上了画报。

一年后，水利工程告一段落，在表彰大会上，我和部分参加水利建设的青年们被批准加入共青团组织。这对我意义非凡，因为出身不好，在那个非常年代要加入共青团组织简直是难乎其难。经团组织各级领导多次开会讨论研究，最后一致同意我加入共青团组织，这是对我工作的肯定，更让我看到自己乌云密布的前程有了一丝希望。

回到生产队，弟弟已经离家。我与父亲依旧“冷战”。队里的知青陆续回城，而我依然望穿秋水。回城无望。

偶尔一次，大学招收工农兵学员，考虑自己只有小学文化，不可能读得上大学所以没报名。没想到公社知青办公室的负责人告诉我，这次读大学，公社有一个“可以教育好的子女”名额，准备留给我的，却因为没报名，所以把名额给了别的出身不好的知青了。失意、迷茫、无奈、沮丧万分的我开始迷恋扑克算命、玩“碟仙”、卜前程等迷信占卦，为了给疲惫的心灵点点安慰，我日日在窗台点香求老天爷帮助。父亲忍不住向母亲抱怨，说我不学无术、迷信、不求上进。而母亲非常理解我的心情，劝父亲多宽容，让我有点精神寄托。那时候我真的快崩溃了，不知路在何方。

配合公社要求，大队组建宣传队，把我调到了宣传队。白天排练，晚上到各生产队演出。我凭着儿时在少年宫学过舞蹈、有点基础，成了宣传队骨干。大队领导决定让我去县城参加文艺创作速成班学习，7天的学习回来后，领导给了我一张招工表，填好信息后，我一直等着招工单位的录取通知。一起填表的知青都高兴地收到录取通知书回城，可我却没信息，又一次打击，我万念俱灰，“人世几回伤往事，山形依旧枕寒

回城后的妈妈、姐姐和我

流。”刹间的喜悦，如手握沙砾，松手即散。

好不容易再拿到招工表时，我不敢大意，每填一字都再三思考，家庭状况一栏轻描淡写。交表后忐忑不安地等待，依旧烧香拜佛，看见鹡鸰鸟从我家厅堂飞过，就想着是鸟儿来报喜啦。一个月后，终于接到了体检通知书，我知道政审基本通过了，可没接到正式“录取书”之前，依旧彷徨。一天晚上，我梦见天上飘落一张纸，上面写着“希望”两字。没几天，朝思暮想的录用通知书终于到了，我欣喜若狂，终于可以离开农村回到阔别8年的广州市了。这苦苦等待的佳音，宛如暮野四合时天边突然出现一丝光影，破碎而亮丽。父母亲也非常高兴，连忙为我收拾行装。

农村的生活磨练了我顽强的精神意志。1977年1月，我终于踏上了回城路。走向新的征程。

2.2 农村归来

农村的8年知青生活，让我有了一股韧劲。回城后工作的15年里，我增长了知识，开拓了视野。

1977年1月的一天，我行走在城市的街道上，满心欢喜。这熟悉又陌生的城市终于接纳了我，我的人生旅途，又有新的起点。我兴冲冲地赶到二运公司报到，被告知借调至第三汽车修理厂工作。在农村时，日盼夜盼，希望能回城工作，哪怕是扫大街、攀爬建筑架也无所谓。现在能入工厂，这简直是天上掉下馅饼。我心中狂喜，随即与20多名青年一起前往新单位报到。约半小时后大巴车来接，一位个子不高的年轻负责人笑容可掬地把大家请上车。我坐在车上听周围的人相互交谈，大概知道了这群人中除了两三位是应届毕业生外，大多是回城知青。他们都曾在二运公司当搬运工，现转去工厂上班。

宽敞的工厂大门正对公路，“第三汽车修理厂”招牌醒目地挂在大门右边。工厂共有4个大车间，新来的年轻人要接受15天的政治学习才到各车间。我们在第一天的学习中被告知：这厂是全民制的国营企业，而这批从二运借调过来的新工人属于集体所有制，从此将实行一厂两制。工作、工资无区别，但工作服装不一样。没多久，发工资了，虽然学徒期工资不多，但第一次在广州工作拿到属于自己的工资，已心满意足。我小心翼翼地把钱收好，盘算着留给还在农村的父母多少、剩下的如何开销，并给父母捎信汇报。我上班地点在市郊，每天要5点半起床，6点出门走一段路，去坐过江轮渡，再走一段路才能坐上7点半的班车。每天上下班的路途远，很折腾，想买辆自行车，但是当时买自行车要凭票，票不好找，大表哥提议帮忙买零件组装，但这不是一两天的事，我乐滋滋的，充满期待。

在20多名新工人学习班里，我和另一位刚毕业的女孩是共青团员，恰逢团委组织全体团员去黄埔军校学习，我俩也参加了。虽然和其他团员不认识，但第一次去黄埔军校还是很兴奋。团委还动员青年们参加青年突击队，下班后留下义务加班工作。虽然义务，但青年人聚在一起加班加点，相互交流，点燃了青春的激情，烙下时代的印记。

新工人学习班结束后，我与另外几位年轻人被分配到产品车间铸造组，该组原有两位年长的正副班长领着4位翻沙工和2位模具木工。班长分配我和另外一位女工做模芯，工作非常轻松。因为是修理厂，所需的铸造配件不多，没指定任务，有大把时间自由支配。开始时，我对这玩泥沙的工作很有兴趣，把浇湿的沙子与有黏性的黄土搅拌均匀，铲上工作台，再放到两半模具中压实，中间放一根粘了黄泥浆的铁架，然后把两半模具合起轻轻敲打，让泥沙芯脱出，挂起风干。一个月最多做5天的沙芯就没啥活干了。一段时间后感到枯燥无味，离开了农村，还是脱不开“玩泥沙”，心里很不畅快，心想当个公共汽车售票员都比玩泥沙强。空闲时，我就把父亲的藏书带到工作台前阅读。

时间一天天过，有次发工资时正在做模芯，沾满沙子的双手接过工资袋瞄了一眼便放兜里，下班回家后才发现少了10块钱，只有36元的工资，10元可不少呀。着急了又适逢周末，好不容易等到周一，急忙找到分发工资一起入厂的好朋友，她也承认给了我两张10元、一张5元、一张1元。等她反应过来以后，却又反口了。这件事让我伤透了心，为何那么容易就出尔反尔呢，就为钱吗，好朋友反目积怨。自此，明白了不能太信任别

一家子回城了

回城后，我与妈妈合照

人，哪怕是最好的朋友，名声面前都是要自保的。

工会组织篮球比赛，我与5位女工代表产品车间参赛。女子队比赛引来众多工友观看。站在众目睽睽的球场里，我没怯场，威风凛凛地投进一个3分球，引得满场喝彩。接着，工会组织全厂职工到肇庆旅游，七星岩的景色令人激动不已。工会还组织横渡珠江选拔赛，我在第一轮选拔时入选了，可是第二轮去水库操练时肚子疼，只能中途放弃，好憋气呀。

单位几次的活动，我结识了几位年轻朋友。一次，朋友把新买还没来得及上牌的自行车借给我骑回家，第二天清晨，我把新自行车停放在保管站后就匆匆上了单位班车。到了单位才想起新自行车没上锁，吓出了一身冷汗，顾不得回班组报到，急忙转身冲上公交车再转乘2路车后疾跑到自行车保管站，还好自行车安然无恙。悬着的心才放下来。

没多久，又来了一批新工人。厂部开会宣布所有“集体所有制”的工人分为3个组，归“经济办”管。这莫名其妙的划分，大家都难以理解，虽然工作工资一样，但感觉低人一等，就因为这批人大多都是回城的知青吗？

半年后，厂幼儿园缺老师，我被调到幼儿园工作。受妈妈影响，当老师这正合我意。汽车三厂幼儿园的前身是教会幼儿园，后并归厂里，由厂部管理人事制度，教育局管教育业务，属双层管理。园长从事幼教工作多年，经验丰富，安排我任大班班主任，并指导我学习教学大纲、写教学计划等，并不定时来听课，提出教学建议，检查教学计划等。在幼儿园里要学习的东西很多，幼儿心理学、幼儿生理学、幼儿卫生学都要学，压力很大，但我却很开心，我喜欢这份工作。

幼儿园的教学科目有语言、计算、常识、体育、音乐、美工等。课程设计也很讲究，怎样按照教学大纲安排课程，让孩子们在愉悦中学习成长，这是首先要学习的。为了尽快掌握业务知识，单位送我参加教育局举办的各种课程短训班，我也不断请教有经验的老师。为了上好每节课，让孩子们易懂易学、有新鲜感，我不断地变换方法教学，并找幼儿家长帮忙做教具、道具。为了上好音乐课，还利用业余时间到姐姐工作的中学找老师请教，学习简单的手风琴拉奏方法。为了丰富孩子们

我教小朋友唱歌

与小朋友合影

户外娱乐活动，请青年突击队帮忙为幼儿园做篮球架、滑梯、动物转盘等。看见孩子们快乐，我也为之兴奋。人生，最开心的是做自己喜欢的工作。一天，看到幼儿师范学校招生简章，招收全脱产幼儿美工学习班学员，但需要考试合格才能就读。经领导批准，我与另外一名老师去应考，结果我考上了，这可是重新进校园学习知识、开阔眼界的大好机会。

幼儿师范学校的课程主要是儿童画、儿童手工和教学实践。儿童画虽然只是平图勾线，但是对于从没拿过画笔的我来说却真不容易。从画石膏几何体开始，再到石膏素描、实物素描、人体素描，老师要求每天必须完成一幅作品。每天早操后开始画至晚上10点熄灯，同学们都很勤奋，进步也很快。当大家的作业挂满教室时，都由衷地感谢老师。第二阶段的学习是色彩与写生，老师从三原色、复色开始教调和，我才知道水粉、水彩与国画颜料的不同点和如何观察色彩变化。到写生课程，同学们都喜欢上绘画了。在学习国画课程期间，我回家请教表哥，结果作业得到老师表扬。第三阶段的学习是儿童手工

带孩子们秋游

和创作，在老师的启发下利用废纸盒、布料等做了几款玩具、布娃娃、木偶等，再次得到老师表扬。毕业创作，我画了一位女孩捧着纸叠飞机仰望蓝天，这幅作品被评为留校作品。

一年的学习很快就结束了，满载收获的我又回到了幼儿园工作。经过学习，我对幼教工作倍加热爱，经常作教学公开课示范，得到好评。我利用课余时间教孩子们的情景剧《小蝌蚪找妈妈》参加教育局组办的“庆祝六一儿童节文艺汇演”获一等奖。因为曾在幼师学过幼儿美工，教育局邀我给幼师们作儿童画画法教学，有些幼儿园也请我去作园环境布置。在忙忙碌碌的工作中，我多次被评为“三八”红旗手、“工作标兵”，还被评为“广州市先进工作者”，并出席市表彰大会。在工作中，我不断学习，增长知识，在社会大学中历练成长，用炽热的青春火花，补织已失去的年华。

因为我工作认真负责，厂里一些领导便想把自己的孩子放到我班，这违背了按年龄分班的规定，我的拒绝激怒了其中一名父亲，他利用手中的职权想方设法贴出告示，警示我工作失误。我找厂长谈，厂长却只是轻描淡写地说："偌大一个国家，右派都有搞错，这又怎样呢？何况你又没损失。"顿时，我感觉自己就是一块沉沉浮浮于海浪中的石头，时浮时没，可以掉在泥潭，也可以晶莹发光，要不断地由海浪冲刷。

人生的道路一波三折，昔日的大花园、此时的孩子王，几经风雨，在1980年迎来了婚姻的阳光，生活又翻开了新篇章。

广州幼儿师范学校幼师师生合影

第二章

1. 缘起馥林

1.1 两小无猜

风吹花残，月落日出。人生，说短却漫长，从黄发髫龄到鬓已成霜，眨眼已过数十年。雁过留声，“菊苑”的高墙虽然早已被夷为平地，而其中的故事却不曾忘却。生活如溪中碧水静静流淌，又似杨柳凭风摇曳，更如一首老歌，轻轻吟唱。

“时光一去永不回，往事只能回味，忆童年时，竹马青梅，两小无猜，日月相随。春风吹红了花蕊，你已经又添了新岁……”

百钧和我都出生于上世纪50年代，据百钧父亲苏卧农日记载录：“1951年的农历五月十八日晚上，南面远处隆隆作响。声音渐渐临近，人声喧哗，来势甚促，其声越来越响。随即狂风骤至，如万马奔腾，声响如雷，霎时旋卷风至。屋里的空酒樽等物随风轰鸣，晃动掉地。风声猛烈，由南至北，花园里用大缸栽种的花倒下，四处是盆碎树倒之声。约数十间房子一起被旋卷吹去，非常恐怖。眼前一切，惊心动魄。庆幸苏家没受损失，躲过一劫。时隔一个半月，苏百钧出生。”

两年后，父母在北国承德生下我，并用相传战国时卫人孔周所藏的三把宝剑中的其中一把——“承影”赐予我名，在古老的皇家花园的“避暑山庄幼儿园”，我度过了4个春秋，后随母亲到南国广州生活。此后，与姨妈家经常走动。

百钧的母亲是我姨妈，在众多姊妹中，她和我妈妈最要好。姨妈家有好几位表哥，如长子苏伦，五子苏百齐，六子苏百钧，我则是百钧唯一的表妹。小时候，妈妈经常带着我们姐弟仨，去姨妈家玩，所以我跟百钧“青梅竹马”地一起长大。

姨妈家住在广州市的芳村花地，在当时属于郊区，与闹市区隔着一条珠江。那个年代，去他家没有地铁，也没有公交车，必须先坐船渡江，再步行20分钟才能到。“花地”顾名思义就是花农种花的地方。姨妈家四周绕着小涌，涌边绿树成荫，要进入掩映其中的房子，必须走过石桥穿过花园才能到达。屋前的花园很大，种有各色花木，浇花就用小涌里的水，极为方便。这弯弯曲曲的涌里除了有小鱼小虾，还有蟛蜞、石螺等。儿时，吸引我们常来这里的，除了花园里的花、果、树木，还有涌里的小生物和涌边的姜花，风一吹过，十里飘香。

记得5岁那年，有次我不肯在姨妈家吃饭，自己走到石桥上要回家。百钧拿着姨妈烹炸好的蟛蜞追上石桥，拉着我的手哄我回去。

如今石桥已经没有了，当年在石桥上的画面，宛如绚丽缤纷的梦，萦绕于我的脑海，定格在我的记忆里。

在我童年的记忆里，这座馥林园和菊苑一样，都是我心中的“乐园”，那里的一草一木都能带来无尽的欢乐。姨妈家许许多多有趣的玩意和去处，磁铁般地吸引着我们三姐弟。对于我们的到来，百钧兄弟们可高兴了。因为平常他们总在父亲严厉的管教下读书、写字、画画，我们去了，他们就“解放”了(这是百钧后来告诉我的)。每次相聚，我们一群小孩便玩疯了，一会儿上树摘果，一会儿到花园里采花，一会儿到河里捉鱼虾，一会儿去钓蟛蜞。每次到姨妈家，必定要缠着表哥们去钓我们最喜欢的爬行动物——蟛蜞。去钓蟛蜞时，表哥们让我们跟在后面，不许发出声音，生怕把蟛蜞吓跑。每到此时，百

1978年，我和百钧在家中馥林园

齐、百钧两位表哥像勇士般拿着钓竿在前面开路，钓到蟛蜞就更显得意，在我们姐弟赞赏的目光下威风地把蟛蜞往我们手中的桶里放。回去后，姨妈很懂我们的心思拿一半做菜大家吃，剩下的都让我们带回家玩。

有一回，百齐表哥提议去捉鱼，我和弟弟提着水桶跟在他哥俩后边，到了小河边，他哥俩熟练地筑坝堵水，我和弟弟站在河边看，突然听见百钧表哥说“有鱼”，接着“啊”一声惨叫，吓得我和弟弟神经紧绷，只见一条长长的蛇咬在百钧脏兮兮的手指上。他用力一甩，蛇抖掉了。百齐表哥连忙捡起树枝把蛇打死，随手捡起蛇，高兴地说拿回去吃。我和弟弟都吓得木讷了，突然一串龙眼果掉落在我们跟前，抬头一看，原来百齐表哥为了给我们压惊，不知什么时候已爬上树摘果了。回去后，大表哥把蛇剁碎，做成蛇饼，让我们饱餐了一顿。这有惊无险的一幕成了我们很久的美谈。

百钧哥俩是我们心目中的英雄，因为他们不但会爬树、钓蟛蜞、捉鱼虾，还能分辨每棵果树和花草。他们家果木很多，

馥林园全景图

除了杨桃树，还有人心果树、黄皮树、柿子树、龙眼树、无花果树、番石榴树、桂花树，等等。花卉就更数不胜数了。在他们家，不止南方植物应有尽有，姨丈为了方便画画写生，还精心培育出北方植物，如苹果树、梨树、枣树等。

姨妈家有一棵树龄上百年的杨桃树，果实酸甜，很好吃。这棵“老态龙钟”的果树，冠叶繁茂，枝条婆娑，满树的果实把树枝压坠到地。姨丈用多根木桩把这棵果实累累的杨桃树撑起，宛如垂暮老人撑着拐杖，笑看儿戏……每次去姨妈家，这棵杨桃树总是我们解馋的第一目标。表哥们拿出自制的竹叉子爬上树，随我们指点采摘。可我们摘的果，总没表哥们选摘的好吃。姨丈道出其中“奥秘”：要选青边红肉，最好是小鸟啄过的，向阳长的果子更好吃。嘿，原来摘果也有学问。

吃饭时，姨丈会谈古论今。妈妈告诉我们，他是岭南画派里很有名的画家。我们对他很敬佩。每次姨丈谈话中，总忘不了表扬百钧，说他听话，毛笔字写得好，等等。无意中，加深了我对百钧表哥的好感。有一次，妈妈看着姨妈家的一双新皮鞋感觉不对劲，说好像少了什么似的。这一提，姨妈生气地说：“百钧书法比赛得了少年组一等奖，姨丈高兴买了双皮鞋给他以示奖励。（当时一双皮

1965年，百钧全家在花地居室前合影

鞋价钱不菲，一般家庭的小孩都穿不起，我们小时候就没穿过皮鞋。）可百钧不好好珍惜，偷偷把皮鞋的鞋舌给剪下来拿去做弹弓玩了。为此，姨丈狠狠地训了他一顿，生气了好几天。”过后，我追着百钧要弹弓瞧瞧，他偷偷地掏出，那弹弓很漂亮，把手削得很光滑。百钧神气地介绍：“用石榴树丫做弹弓把手不容易折，光那树丫就削了好几天，弹弓上的皮是真皮，够结实。”他还表演了射弹技术，一点没有被父亲训后的悔意。我想，这弹弓要是能拿回菊苑，再高的果树都能把果子弹下来，便悄悄求他把弹弓送我，他一本正经地说这是男孩的玩具，女孩不能碰。

姨妈家的花园里还有各种各样的昆虫，这也是吸引我们姐弟来姨妈家的原因之一。捕捉昆虫时，掀翻花盆寻蟋蟀、捡“东风螺”，扒开叶丛查看“金龟瓢虫”，把它捉住，放到火柴盒里。捕蝴蝶、捉蜻蜓更是不可少的活动。捕到蝴蝶，把它夹在纸片中，回家夹放在书页里制成标本。捉到蜻蜓，百钧表哥拿线绑住蜻蜓尾巴，我手牵着线，随着蜻蜓满院子飞跑，即使蚊叮虫咬，也全然不顾。每次“蚊包”又痛又痒，起码一两星期才散去，遇上毒蚊子咬的，还会化脓流水。但这一切，抹不掉我们心目中对这座天堂般“乐园”的向往与喜爱。

每次离开姨妈家，我们总是满载而归。除了有我们喜爱的蟛蜞、小鱼小虾、各种昆虫外，还有好吃的杨桃、人心果、龙眼、黄皮等水果。回到家后，疯玩了一整天的我们倒头就睡，每次都是妈妈为熟睡的我们洗脸洗脚。第二天，我们拿着蟛蜞和小生物在小伙伴们面前“炫耀”，特显威风。

偶尔，百钧姐弟也随姨妈姨丈来我家串门。我们住的菊苑有大小两个花园。在我的记忆中，花园里已经不种花了，只剩下几棵树。花园的空地被几家工厂占用，尽管如此，那里依然留下我们难以忘怀的儿时记忆。

1972年，姨丈苏卧农在花地馥林园绿竹堂教百钧、百楑习画

百钧父亲苏卧农、母亲关琪仙

每次百钧来，总拉着我去看大花园里的金鱼池。鱼池旁长满青苔蕨草，幽绿的池水深不见底，甚是可怕。虽然偶尔见鱼影游动，但大人们常说“谁家小孩不听话就扔进去喂鱼”的话，更加深了我对“幽深”鱼池的恐惧，平常我和小伙伴们都不敢到这里玩。有时，玩得正欢，百钧趁我不备，猛向池里扔石块，发出“扑通”的水声，并大喊“有水怪”，更令我将此处视为禁地，平常不敢踏足，晚上必经时，也是匆匆急跑而去。

菊苑里还有一处“恐怖”的地方——“神楼”。听母亲说那是以前拜神的地方，还留有祖先牌位，黑乎乎的，布满蛛网。小孩们都畏而远之。不明深浅的百钧哥俩想上去看，姨妈百般阻拦。到搬家时，才知道上面存放着舅舅留下的古董。

有家砖厂在菊苑里堆放了很多砖块，这可给了孩童的我们无尽乐趣。菊苑里的7户亲戚共有十七八个年龄相仿的伙伴，大家经常三五成群地用砖块砌“小房”。那些小房成了玩过家家的理想场所，有时也成了我们玩“战争”游戏的“掩体”。发生争吵时就把“房子”给拆了，再次游戏时又再垒。遇有像百钧兄弟这样的“外住”亲戚来访，更令小伙伴们兴奋，这些集设计施工于一身的“童稚屋”就成了我们炫耀各自身手的成果和待客的“小客厅”。

每当百钧兄弟来访，我们便领着他们参观“孩提小房”，并煞有介事地介绍用砖块砌成的小台、小凳等“家具”和墙上贴着的作业、画幅，还有藏着不给大人们看的“小秘密”。有时，我们带百钧兄弟去小花园的废品仓库淘“宝贝”，这里总会找到“需要”的“玩具”。或者跑到“沙山”（菊苑里堆放了很多沙子，我们称为“沙山”）在那里挖“地道”做“陷阱”，也筑建“万里长城”。我们的童年在这座天高土厚的花园里，穿过岁月的烟云迢遥走过。儿时的梦，在这澄明洁净的空间无羁驰骋，天真烂漫的欢乐在充满智慧的天地里自由抒发。大小花园里的生活意趣已定格成一幅幅美丽图画，珍藏在我们心底。

在我12岁那年，“文化大革命”开始了。灾难性的浩劫，让人惆怅叹惋，姨妈家的馥林园也面目全非了，只有屋前经历了百年沧桑的那棵老杨桃树见证了这历史的累累斑痕。

去姨妈家的次数越来越少。姨妈家人因不是农村户口，家中的花园被公社征收，只剩下房前10米左右的小院子。昔日绿荫围绕的花园，变成了用红砖砌墙的小庭院。听说红砖墙是15岁的百钧在他父亲的指导下砌的。院子小了，但收拾得很整齐。姨丈用花盆、瓦鼓、石墩垒砌成曲转回廊，摆上盆景，四季依然能闻到植物散发的各种清香。十月桂花二月兰，三月茶花九月菊，还有腊梅、姜花等，春夏秋冬，花开不败。我们偶去姨妈家，虽然没了丰盛的“果宴”，但好客的姨妈、姨丈会拿出自泡的桂花酒请我们品尝。他们家还留有六棵桂花树，大的两棵种在地上，盆栽的四棵略小点，每年花开时节，香飘满院。姨丈把盛开的桂花收集起来，泡酒、做桂花糖，还用自种的玫瑰花瓣做成玫瑰糖。我们走时送上一些，回家后妈妈用它作汤圆馅，可香了。

那时候，姨妈家的百齐表哥已不在了，百钧表哥也不再跟我们玩了。每次去，总瞅见百钧表哥躲在书房里写字或对着盆花写生，很少言语。出于好奇，我们想看他写什么，但他不理睬，我们只好去陪姨妈绣珠花（姨妈为了谋生，替人穿珠绣荷包）。

姨丈的话题也由谈古论今改为时政。有一次，我妈告诉姨丈，我喜欢跳舞。姨丈说：“舞蹈家的艺术生命短，不如跟我学画画。”因为种种原因，没跟姨丈学画画。但每次见姨丈，他都教我写毛笔字。他说写字时腰要挺直，笔要直对鼻梁，握笔手心要空，空的手心能放下一个鸡蛋。写出来的字要圆润有力，有行气。还叮嘱我一定要练好自己的签名，有没有文化，一看签名就知道。后来，他家的好多书让红卫兵“破四旧”给烧掉了，里面更有姨丈留学时省吃俭用四处寻购漂洋过海带回的珍贵画册与资料，当时，这些资料也是很稀罕难以找到呀，为此姨丈气病了。

百钧在馥林园

百钧在馥林园写生

1969年，因为我父亲是“右派”，我们全家去了农村。百钧也和他姐姐回石井乡当知青了，自此我们没了联系。

曾经沧海难为水，经历变迁的几年后，我回广州探望姨妈、姨丈。走到熟悉而又陌生的院子前，我停住了脚步，儿时的欢声笑语、缠绵故事已经远去，但围在院子外生长的“三角梅”依然茂盛。不知是我长高了，还是地壳在变动，进院子的木门竟然变得矮小破旧，推开吱呀发响的木门，映入眼帘的是好多晒着的冬瓜干和摆在桌上还没切的大冬瓜和南瓜，姨妈说是百钧种的。我简直惊呆了，思绪瞬间腾升。我家的自留地全长满野草，而百钧却能有这么大的收获，不但解决了吃饭问题，还能孝敬父母补给家需，由衷地佩服他。

百钧邀请我去他们下乡的石井公社庆丰村小住。表姐带我参观他们的“自留地”，还让我了解他们生产队的劳动：拣辣椒、敲莲子、挑莲心。晚上和表姐聊天，她告诉我，百钧被选入郊区文化局（石井公社属广州郊区）的美术创作班学习。其间，他创作的国画人物作品《一唱雄鸡天下白》参加了市美术展。此时，百钧正静静地在油灯下练习写毛笔字。我的心中为之一颤，为何我自己就没正视现实，珍惜时间来抓紧学习，还沉迷在“出身不好，低人三分”的情绪中怨天尤人地得过且过呢……

石井公社庆丰村之行，对我触动很大。我佩服百钧没向逆境屈服，孜孜不倦地坚持读书、写字、画画。在他的影响下，我也开始四处借书阅读并抄录、做笔记。我们开始了通信。每次的通信内容，都是我请教他怎样种瓜菜，他回信讲解方法，还寄来种子。如此交流瓜果蔬菜的种植，这一切当时只道是寻常。但随着瓜菜的生长，我和百钧的情意也培植了起来。

1.2 复能几多回味

1974年，百钧调回广州读中专，翌年他父亲去世。那年农闲时我回广州探亲，住了几天后正准备回当知青的地方——依岗村，在半路上与百钧不期而遇，猛然一见不禁怦然心动，所谓“天不绝人愿，故使侬见郎”。他劝我别急于回乡，并约我去兰圃公园玩。这一约，掀开了我们恋爱的序幕。

不知为何，当时我们没进兰圃公园，却上了对面越秀公园里的五层楼。“五层楼”里的展览全是让人难以忘怀的历史记载。登上最顶层极目远眺，广州市景尽收眼底。百钧介绍说：“广州以前没那么大，可以看见海，所以这里叫‘镇海楼’，这里是广州的制高点，放有大炮，用作守护广州的海防线。”看着记录广州变迁，留住岁月痕迹的文物，再听百钧娓娓道来的解说，弥补了我对这座城市渐趋淡漠的记忆。我们兴奋地交谈，他给我说五层楼里的文物，我告诉他我喜欢普希金、裴多菲的诗，还有莫泊桑的短篇小说，高尔基的《童年》《在人间》《母亲》等。我们越谈越宽，越聊越广。百钧掏出在当时很奢侈的糖果，不知不觉我俩在越秀山游玩了一整天。

从此，我们的交往密切了。每星期我眼皮一跳必定收到百钧的来信。信中从没有甜言蜜语，更没有“想你、爱你”的山盟海誓，只是淡淡的问候和坚定的鼓励。当时，他的每封来信都是我的一份精神寄托，给我一丝心灵慰藉，能掀起一股情思的跃动。彼此的人生感悟、思想交流，成了对方生命中的依恋，我们之间的感情日益深厚。

暑假，百钧来我下乡的依岗村，我和另一位知青陪他上罗浮山玩（罗浮山离我们下乡的地方很近）。这是我们第一次外出游玩。罗浮山虽是广东四大名山之一，但那时候人迹罕至，除了偶有砍柴人，几乎没人上山。我们踏在落英缤纷的崎岖山道上，心中有种无可名状的感觉。我不懂什么叫欣赏，只知道在不平的山路上走，可百钧却走走停停，一会儿说树长得好看，一会儿又趴下身子看野草上的昆虫。他对生命的热爱和敏锐的观察力强烈地吸引了我，也学着他的样子去看叶的绿、花的红。后来才知道，百钧是在用艺术的眼光从绘画角度来观察事物。

罗浮山是道教名山，有不少景点，如仙人脚印、接仙桥、骆驼峰等，而且还有很多道观，带路的知青一一作了介绍。到了四处孤寂的南寮道观，只见残墙断壁，满目凄凉，我们倍感落寞，感叹不已。在往回走的路上，我唱起“时光一去永不回，往事只能回味，忆童年时，竹马青梅，两小无猜，日月相随……”没想到百钧很在意这首歌，还叫我反复唱了几遍。可能也勾起了他“竹马青梅，两小无猜”的回忆吧！

依岗村里的鱼塘边有两棵形态各异的水松树并排而立，一棵高大挺拔，一棵矮小弯曲（村民称为公母树）。百钧激情地掏出随身带的本子写生，引来村民围观，“来了画画人”，顷刻间，众生眼中仿若惊鸿乍现，我站在旁边，引以为豪。

百钧这次来依岗村，深情地送给我一幅他的作品，画的是几朵莲花和金鱼。这是他送给我的第一份礼物。我高兴地把画挂起，左瞧右看总看不够。虽然不懂得欣赏，更不知道画得好不好，只知道是喜欢的人送我的珍贵礼物，非常高兴。我爸随口说了句“出淤泥而不染，濯清涟而不妖”，顿感百钧送的画意味深长。那时的知青生活百无聊赖，经常是几位知青聚在一起聊天、打牌、发牢骚。百钧似乎是用画的深刻寓意来勉励我努力学习，别虚度时光。

去农村后，想调回城市的希望很渺茫。因此，我整天徘徊在扎根农村与回城、迷茫与希望、崩溃与新生的情感交织中。百钧不断鼓励我，给我出点子，叫我找领导谈。我担心要是真的调不回广州，咱们怎么办？他不假思索地回答："那我就买辆摩托车，每星期来看你。"当时我非常感动，不禁想起了卓文君"愿得一心人，白首不相离"的诗句。暗下决心一定要争取调回广州。为此，我拼命工作，参加突击队去挑水库、挖水坑、改农田、灭山火、扛木头，并在火线入团，成了插秧能手、扑灭山火标兵，被评为公社先进民兵，先进事迹和劳动照片还登上了《广东画报》。百钧在广州也不断地托朋友想办法。1977年1月，在百钧的帮助下，我终于被调回广州工作。不久，家人也陆续回城。

我回广州后，百钧也毕业了，分配到橡胶厂工会工作。我们经常去看电影。有次电影散场后天色已晚，为了赶回家吃饭，百钧骑车搭着我走。那时自行车不许载人，我担心违章惹麻烦，他却说没那么巧的，还没停嘴，真的让警察逮住了，扣了自行车还要他去违反交通规则学习班学习。这回可惨了，怎么向单位领导交代，要掉饭碗的呀。担心了好几天，百钧不但没去学习班学习，还不知怎样就把自行车给领回来了，真的谢天谢地。

百钧常约我去看展览。并告诉我，在绘画的道路上要向前迈进一步，就得不断地学习新知识，思想境界和意识修养都要不断地更新、提高。不知何故，每回还没看完一个展览，我的膝盖就钻心地疼。经医院拍片检查：左膝关节瘤。我一直把"瘤"字错看成"痛"字。百钧也没说什么，只是叫我按医嘱去做理疗，并为我安排好每次治疗前的休息地方。直到结婚后多年，翻看那张拍片报告，才发现那个不是"痛"字，是"瘤"字。悚然一惊，急忙拿给百钧看，他却平静地说："早知道了。"我震惊了，《汉乐府》中"山无陵……天地合，乃敢与君绝"的誓言不断在我脑海里回荡……

在百钧的影响下，我考进幼儿师范学校美工班学习。期间，我常把刚学到的新名词告诉百钧，如透视效果、远小近大、素描排线、色相变化、三原色等，弄得他目瞪口呆，对我这个才喝了几天洋墨水的“才女”刮目相看。在上国画课之前百钧教了我几种笔法和用色，还教我区分普蓝与花青、土黄与藤黄等色彩，还有水粉颜料和国画颜料的区别和用法。之前，我总把这两种颜料混淆。到国画课程结束时，我的作业全班最优，受到老师表扬，心里乐滋滋的。他们岂知我是有“大厨”帮我熬过“夜粥”呀。

有一回，百钧和我带着他7岁的小外甥坐火车去佛山玩。这是我第一次去佛山，一路上兴高采烈。充当导游的百钧领我们参观了祖庙，看了电影，还买了几个石湾公仔。肚子饿了想去吃饭，可手袋里只搜到一两粮票，我们只好用仅有的一两粮票买了一碗河粉，三人吃一碗粉，还是饥肠辘辘。我们只想赶快回家，可要到晚上6点才有回程的火车。饿得无精打采的我们躺在车站的椅子上已无力说话，唯有对望。本想利用假日浪漫拍拖，却饿得个人仰马翻。

1.3 红豆连枝

1980年，我们决定结婚，婚房是在百钧家里挪腾出一间房。结婚毕竟是人生大事，空空的房间里起码得有几件像样的大家具。那时木材难买，百钧千方百计托人弄了点木料，找了两位同学帮忙做大床和衣柜，可木料还是不够。左思右想，百钧突然想到家里厨房旁的那棵芒果树，没跟母亲商量，拉着弟弟帮忙把树给锯了。姨妈回来后看见锯掉了果树，惘然伤情。当时真没理解母亲爱惜树木的那种感情（为了抚慰母亲，结婚那天我俩在院子里栽种了两棵人心果树，期望能弥补过失）。家具做好了，我们决定去杭州、黄山、上海蜜月旅行。

旅行的第一站是杭州，美丽的西湖闻名遐迩。在苏堤、白堤上漫步，我们陶醉了，不时停下脚步，坐在湖边的石头上沐浴湖风。微风丝丝缕缕在我们身旁缠绵歌咏，似有意无意地让

1980年旅行结婚

我们去感悟西湖的秀丽。我们沉醉在苏轼的“欲把西湖比西子，淡妆浓抹总相宜”的浪漫诗句中，畅谈我们的过去、现在和将来。百钧还不时地掏出本子写生。我也忍不住画了人生中第一幅写生作品《三潭映月》（后来参加我们局的美术展获了奖）。多年以后，儿子能考上中国美术学院定是冥冥天意，把我们对杭州西湖的心仪神往，寄托在了儿子身上。

时值八月，天气闷热，我们买了个五分钱一斤的西瓜。第一次两人分尝一个大西瓜，一边吃一边议论要把西瓜皮做帽，美美地享受着“二人世界”的快乐。没想到经太阳暴晒的西瓜吸了暑气，晚上百钧发烧了，我好担心，后天就要上黄山，这可怎么办？第二天，去灵隐寺，那时不许烧香，可我们还是悄悄地叩了几个头求神保佑，很快百钧退烧了。

第二站——黄山。那里的山路险极了，几次我们坐的长途汽车刚开过去，后面就塌方，有惊无险，直说返程时不再走这条道。

登黄山时，细雨霏霏，带来的自行车雨衣为我们遮风挡雨。下过雨的黄山烟霭浩渺、云雾腾腾。那轻纱般的云雾把景点隐蔽，有种腾云驾雾似的感觉。一阵风过，隐约间又见雾撩群山。啊！在这浓浓的雾霭中，我们仿佛置身于仙境。都说到黄山旅游来回5天时间足够，可我们在黄山主峰观海楼的竹木房里就住了7天，流连于奇松、怪石、云海与青山秀水、鸟语花香之间，尽情地享受着爱情的甜蜜。每天百钧带着画具写生，画山、绘松、皴点石头、勾云彩。他想把黄山之奇全留笔下。晴天，我也跟着他画，用学过的水粉画法写生。下雨时，我就穿着雨衣，把雨衣前沿撑在百钧头顶替他挡雨，让他抓紧时间在雨中速写。晚上，把各自的画并在一起比看，总不服气百钧比我画得多。百钧夸我色彩感觉好，还一个劲地问这个颜色是怎样调出来，那个又是什么色。他的画里用的全是水和墨。我得意洋洋地把我肚中的“半斤水”全倒给他，告诉他红、黄、蓝是三原色，由二原色混合成的间色和第三种色构成对比色，在对比中两色增到最高强度，称为补色。不禁自得其

我在杭州写生

乐，沾沾自喜。

因为当时前山还没有缆车，游客吃的用的都要人工挑上山，伙食很差。几天没吃肉的我们饿得五脏翻腾，口吐青口水，但山上的美景却让我们流连忘返，7天后才依依不舍地下山。一路上景致怡人。感到奇怪的是：在农村8年，所见松树不少，可还没见过像黄山上的松，长在石缝间，历经风霜雨雪，仍顾盼生姿，千姿百态。黄山的石头也特别，远看是紫罗兰色的群山，近看却是黄色的石头。我们捡了一块黄山石带回家准备做盆景，作为旅行结婚的纪念品。下山的路本来可以分两天走，可是中途找不到住的地方，只好一天就从山顶走到了山脚。走的都是台阶，到山下时我俩的腿酸疼，简直像发了霉的豆腐似的一碰就会烂掉。没法子，只好把姨妈托人从香港买回来送给百钧十伯父的红花油拿来揉脚。我们在黄山脚下休息、游玩了两天，约定5年后再重游黄山。黄山，祖国的秀丽山河，留给我们美好的记忆。

百钧在黄山写生

离开黄山后，我们到达了旅行的第三站——上海。早年移居上海的十伯父一家人很热情，给我们腾床铺被，烹调美味饭菜，忙个不停。十伯父还带我们喝早茶、逛街并向我们介绍上海概况。十伯父原是一位很有名的厨师，新中国成立前到上海谋生安家，他与儿子儿媳、孙子住在一起，很热闹。

在上海，我们去了哪些地方我已记不清，但离开上海的一幕，却刻骨铭心。那天要回广州了，伯父的两位媳妇知道我们还没拍结婚照，马上张罗着拿出火钳放到烧红的炉子里，要替百钧烫发，然后带我们去照相馆拍婚纱照。（当时广州还没有拍婚纱照的。）我们不肯去，怕来不及赶火车。但两位表嫂不容分说地发动全家，表哥替我们把行李先送到火车站，表嫂们拉着百钧烫发。看见那冒烟的烫发钳子真有点害怕，可是为了漂亮，百钧只好“要靓不要命”地豁出去了。他闭着眼睛，任由表嫂们打扮。我也舍命陪君子，任由着表嫂们摆弄：梳头、上妆、涂口红，然后一齐上照相馆匆匆拍了两张相就急忙打车去火车站。真感谢表嫂们，这两张仅有的结婚照片，不但一直珍藏到今天，当时还引得同事们羡慕。火车临开的一刻，伯父拉着百钧的手说：“我百年后，请你一定要把我的骨灰葬回广州乡下。”落叶归根的念想，让我们动容。

“青青子衿，悠悠我心。”百钧脾气好，什么事都依顺我。结婚前我很少做家务，更不会炒菜（以前一直在饭堂吃饭，在农村时是妈妈煮饭）。每天回家，百钧已做好饭，还把一切家务打点好。每晚，我们喜欢坐在床上聊天。他爱听我唱歌，我就给他唱《时光一去永不回》《小路》《红莓花儿》《在那遥远的地方》等。其实，我唱歌总爱跑调，可他还是喜欢听。我爱看他笑，更缠着他讲故事。有时候听着听着，就睡着了。他埋怨我满足了耳欲睡了，害得他说兴奋了睡不着要起来看书。我们天天如胶似漆，柔情蜜意。星期天，我开始学着收拾院子。每次都得到百钧表扬，心里乐滋滋的。没想到这是百钧在慢慢训练我，培养我的劳动观念。那段时间留给我们的是春天般的美好记忆。

我们去看电影的次数渐渐少了，百钧把时间都用在了画画上。开始时，他画我在旁边看，和他聊聊天，磨墨、洗碟，蛮有兴趣的。慢慢我发现，我说的话他根本没听进去，常常答非所问。而且更不愿意陪我逛街购物，我生气了就常问：我重要还是他的画重要？得到的回答是：两样都重要，性质不一样不能相比。每当他要搞创作时就不言语，害得我急了就跟他吵嘴。他说每张画都要在吵声中才能完成。后来，他干脆在厂里画（厂里给了他一间小工作房），回家就尽量多陪我。经过一

1980年，我与百钧在上海拍的结婚照

段时间的磨合，我慢慢学会了调整自己。百钧没时间陪我时，就拿起笔也学着画，或者学打毛衣（当年打给百钧穿的毛衣今天已破旧不堪，儿子还不时穿穿不肯舍弃，说是温暖牌，听了心里甜甜的），或者学做菜。做出来的饭菜，百钧从来不说不好吃，只是说要再加点什么就更好了。鼓励中夹带着指教，听了很舒服。我慢慢走进了家庭主妇的角色。

一天下班，我看见百钧神态紧张地翻箱倒柜寻找着什么，问他也不答。找到了，原来是把小刀。他高兴地告诉我这小刀是他父亲留学日本时带回来的，用了多年一直放在身边，一次不小心掉到小涌里，父亲马上下水去摸，怎样也摸不着。几个月后，百钧去小涌游泳，无意间拾回，小刀完整无损，而且没生锈。父亲高兴地说这刀与百钧有缘，送给百钧并叮嘱他好好保存。听后我也对这把小刀产生了感情，更多的是因为它是父亲的遗物。

为了画业上有长进，百钧经常下班后在厂里吃过晚饭便拿着画去寻师求教，所幸的是老先生们都热情接待，还直率地给他的画提意见，这对他帮助很大。有位老先生劝百钧别再画花鸟画了，没前途。但百钧感觉艺术创作是一种精神享受，是人生意义的探索，而且他对花鸟情有独钟，愿意锲而不舍地去追求，以不懈的努力去追寻自己所爱的绘画事业。终于，被禁锢了多年的花鸟画开始解禁，百钧埋头画了近十年的花鸟画第一次初试啼声。他创作的国画《凉瓜》入选广东省美术作品展，在文化公园展出。我们去观看了几趟，一是高兴，二是去看别人的作品，从中吸收养分。画展刚结束，他的画被一位香港朋友收藏了。这是对花鸟画的肯定，给了百钧莫大的鼓舞，更加坚定了他对艺术的执着追求，只有画画才能让他感到快乐。

那段时间，百钧常画苦瓜（又称凉瓜），因为在农村当知青时种过苦瓜，也爱上吃苦瓜，而且苦瓜的寓意是先苦后甘。为此，对苦瓜有一种情结，他所画的苦瓜是基于多年来对苦瓜结构的细心观察、总结和归纳，运用父亲所教的“撞水撞粉”技法去表现苦瓜皮的凹凸特征。画画既要师古，又要创新，有天赋的艺术家必须不断承前启后，正所谓“质沿古意，文变今情”。

《凉瓜》 131cm×53cm 绢本 1980年

我们的结婚照

2. 琴瑟陶然

2.1 流花随波去，潮水带星来

1981年初，已怀孕四个月的我慢性阑尾炎复发，为了保胎，住进了广东中医学院附属医院。医院离家很远，每次来回的路程骑自行车得3小时。为了给我增加营养，百钧每天下班后，把在单位里煲好的汤送到医院。他还陪我聊天，帮助我解除妊娠恐惧。

出院后，我没上班，在家里休假直到孩子出生。闲不住的我，拿起笔乱画，给腹中的孩子做胎教。至今，这一幕幕还历历在目。产后第二天，百钧一早来看我，第一句就问：是男孩还是女孩？当得知是男孩后，他马上兴高采烈地跑去医院旁的南华寺烧香，因为在我怀孕期间几位医生都说我怀的是女孩。虽然百钧嘴里说男女无所谓，其实我知道他肯定想要男孩。更可笑的是，父母来医院看我时再三叮嘱，出院时一定要看清楚，别让人给抱错了。

新生命的诞生，宛如一泓泉水，清亮晶莹地流淌，汩汩水声打破了家庭的安宁。儿子出生几天后，我开始发烧，这可忙坏了百钧，他又上班又洗尿布，还要侍候我。我也苦透了，因为发烧，奶水不够，儿子不停地哭，就给他喂水，害得百钧每天要洗30多块尿布。有时，百钧上班去了，我想睡会儿，同事、朋友来探望，又得起来招呼客人，真是累极了。我发烧也很奇怪，一天高烧达40摄氏度，第二天退烧，第三天又高烧。我想我快要死了，赶紧叫百钧把我妈请来。后来，我妈和百钧母亲都来照顾我和儿子，才渡过了可怕的月子。

满月后，该给儿子起名了，我爸说我做事没恒心，干脆起

我们一家

名叫“苏恒”吧。百钧觉得他爷爷的名字中也有“恒”字，这样不妥。我姐戏语叫苏醒吧，百钧边说笑边查字典，忽然说，就叫“苏睿”吧，希望他以后睿智过人，大家一致同意。

满月后，我们回娘家住。虽然母亲帮忙看小孩，可我一点也不轻松，每天除了买菜做饭，还要煮三次面糊给他吃。经常是儿子睡了，我要忙家务，累了想睡，儿子又醒了在闹。弄得我总感觉睡眠不足。儿子渐渐长胖了，能翻身、能爬、能坐，也开始长牙了。带着喜悦，日子一天天过去了。可有一天给儿子吃鸡蛋黄，多喂了点，儿子拉肚子，把百钧急坏了，心疼得不得了。看见他焦急的样子，我知道儿子在他心目中的位置不亚于我。

一年三个月的产假期一晃而过，我要上班了。当幼师的我每天听着在隔壁婴室的儿子的哭闹声，心痛欲碎。半年后，儿子要升班了，刚好轮到我接小班，园长征求我的意见，儿子到我的班行不行，要不行就等到下一年再让他升班。明知道自己儿子自己教这对我是个考验，而且一教就是几年，好多眼睛会看着我，稍有偏心，同事、家长那里都不好交代。但我不想再听儿子揪心的哭声，百钧也鼓励我“只要身子正，不怕影子斜”。为此，我时刻提醒自己：千万不能偏心，在幼儿园里儿子跟其他孩子一样是学生，万万不能有半点差错。结果非但没有因此影响工作，我反倒更努力工作了。当时我上的语文、数学、常识、公开课比赛，都分别获得区教学片的一等奖。主编的舞蹈《小蝌蚪找妈妈》还得了白云区“六一”儿童节文艺会演一等奖，被单位、局、广州市分别授予“三八红旗手”“先进工作者”等光荣称号，并出席广州市先进工作者代表表彰大会。

2.2 浮云游子意，金榜题名时

1983年恢复高校研究生招生考试，百钧想去试试。我感到不可思议，他大学还没读过呢，没文凭能行吗？况且现在的工作那么好，领导同事的关系也不错，而且儿子才两岁，生活怎么办？不过，也理解百钧想多学点知识，更想进美术学院学习。他对画画有执著的信念和追求，因此想继续深造。

百钧回单位开证明，准备报名应考，可这个证明谁都不敢写，因为他没有大学毕业文凭。百钧不甘心，找到厂长，表明意向，厂长很支持，并亲自在证明上写道：“苏百钧同志学历相当于大学毕业水平。”凭着这张证明，广州美术学院同意他报考。第一关过了，接着就是复习应试的科目。当时要考的文化科是政治、外语、中外美术史论、综合考试等。专业科是白描、写生、创作。

百钧只在初中时学过英语，好多年没接触了，要应考还得从字母开始复习；为了政治科目的考试他特意跑到华南师范大学找资料；史论他平常也看，相对轻松点。考前，工厂里给了百钧十多天假让他在家里复习，为了支持他考试，我把所有的家务全包了。

经过几个月的准备，百钧上考场了，考完后告诉我英语没把握。四个月后，收到美术学院通知，文化课中英语不及格，但是专业课分数很高。我问百钧打算怎么办，他没吭声，我知道他心里难受。回单位后，一些风言风语传到耳中："癞蛤蟆想吃天鹅肉、不知天高地厚"什么的。这在百钧失意的心田上更是重重一击。在孤独和沉默的煎熬中，百钧收到美术学院老师的来信，说他专业考得很好，鼓励他好好复习文化课，明年再考。这封信如一股甘露，使百钧坚定了自己的信念。百钧把信拿给厂长看，厂长也劝他别灰心，并叮嘱他："从现在起，把手头工作做好就安心复习，别的事就不用管，别人怎样说你别理，好好复习，明年我还为你开证明。相信你能考上。"领导、老师们的关心和鼓励更坚定了百钧一定要再考的决心。为了实现心中的理想，他全力以赴地再次投入复习中。

当年，我们住的房子是一栋二三十年代外公留给舅舅的祖屋，房子很破旧，摇摇欲坠的木楼梯一站上去就嘎吱嘎吱响，屋顶也经常漏水，地面破烂不堪。居住在香港的舅舅寄钱来叫我们修缮房子，妈妈把这任务交给百钧。为了让百钧专心复习，我承担了修房的事。改造楼梯需要钢筋，我骑着自行车去提货，卖钢筋的老板感觉奇怪："就你一个人来吗？还没见过女的来拉钢筋的，你行吗？"我请老板帮忙把二百多斤的钢筋放上我的自行车尾架（那时还没有私人请车拉货），因为钢筋

1986年春节，合家到黎雄才老师家拜年

太重，车头老往上翘，我使劲地摁住车头慢慢推着前进，走了两个多小时才回到家，全身像散架似的，胳膊几天都抬不起来。接着是买水泥和沙子，我请了当司机的亲戚帮忙把水泥和沙子运到巷口，再找来两位朋友帮忙一桶一桶地提回家。在修房子的过程中，所有男人干的活我都干了，只想尽量不打扰百钧。“同声自相应，同心自相知”，百钧理解我的苦心，他也尽量减轻我的负担。儿子发烧要打吊针，他边守着儿子边看书；修房子时，他边复习课本边当“监工”。

我们的房子是上下两层旧式结构，没窗户，只有一个活动的用来透光的天窗，屋顶是瓦盖的。我们住在顶层，夏天被太阳晒烤的瓦片散热慢，我们热得大汗淋漓，即便开着风扇风也是热的。那时没能力也不可能装空调，百钧想画画，还没动笔，纸已让手上的汗浸湿了，根本没办法画，躲到书桌下看书，可又闷得头昏脑热。终于想了个办法，把毛毯打湿了用绳子系着四个角拉开绑在桌顶上，两小时后毛毯干了，又往上加水，这样用湿气来挡住暑气，看书或是画画时就感觉好多了，百钧也为自己的这一创意而沾沾自喜。

任何成功都是在竭尽全力之后取得的。第二次考试终于结束了，我问他考得怎样？他说只想睡觉。我们在惶恐不安中度过了五个月。终于，我们无限期盼的通知书寄来了：苏百钧被广州美术学院录取为攻读硕士学位的研究生。十多年来，百钧想进美术学院求学的愿望终于实现了。我们高兴极了，亲朋好友也向我们道贺。在雀跃欢欣中，百钧告诉我一段辛酸的经历：在农村当知青时，他曾报考美术学院，生产队的队长不同意，他偷偷跑到广州美术学院私自报名。考完后，学院复审时发现缺了所在单位的证明。百钧回乡要求补开证明，生产队长知道了，非常生气，不但不开证明而且还停发口粮（以前粮食定量，没口粮等于没饭吃）。后来，他母亲亲自到乡下给队长赔礼道歉，才恢复供应口粮。

高兴过后，我们开始考虑所面临的经济问题。当时百钧工资加奖金每月有八十多元，单位不定时还分农副产品。如去读书，就只有五十元生活费了。百钧要买纸张、笔墨、颜料、资

我们姐妹两家与父母

料，就得花费不少，算下来五十元所剩无几。下乡写生的费用，真不知该从何处开支。当时我单位效益不好，工资只有六十元，几乎没有奖金，还要养育儿子。在这种情况下，我们只能走一步看一步了。

开学了，我们也开始再次经历艰苦生活的磨练。第一年，百钧要学习文化课必须住在学校（因为文化课多在晚上上课，而且晚上经常有各式各样的讲座）。百钧如同久旱逢甘霖，倍加珍惜这难得的学习机会。为了抓紧时间画画，他常把读后并用红笔画了杠的画论书给我看，并让我对着录音机大声念，然后他一边画画一边听录音，这样反复听几遍后就能记下来，并省去了看书的时间。他在美术学院这知识的海洋中，如同海绵似的尽最大可能地吸取着艺术的养分。

2.3 艰辛磨练，玉汝于成

儿子苏睿小时候经常扁桃体发炎、发烧。给他打了几次球蛋白，效果不大也太贵，就不打了。以前有一种说法，小孩体质不好，在母亲身上抽血打到孩子体内可以增强体质，但现在不提倡了。我求儿童医院的医生朋友帮忙，从我身上抽血，因为鲜血容易凝固，所以必须两位护士同时从我左右臂抽血，马上又同时用最快速度打进苏睿体内。因为打得快，所以很疼，但苏睿没哭，可我流泪了，疼在心里。

孟子说：“……天将降大任于斯人也，必先苦其心志，劳其筋骨，饿其体肤，空乏其身，行拂乱其所为，所以动心忍性，增益其所不能……”那时候，我们不敢乱花钱，从来不买糖果或零食给儿子吃。做饭的菜买的都是比鲜肉便宜的冻肉，几片肉还总是让着吃。偶尔吃鸡也是买冻鸡。同事们总笑我吃不出鸡味，可她们哪知道我钱包的尴尬。每天早餐必定是馒头加白粥（那时一个馒头只需两分钱，花卷三分钱，肉包五分钱），而且经常买十个馒头回家吃（因为百钧每天晚上都要宵夜，当时以为他是读书辛苦消耗大。现在想来应该也是肉量不够，油水不足不耐饥）。有同事奇怪地问为何老买那么多馒头，我只能回答说家人喜欢吃。谁能理解我当时的艰难处境。

儿子在幼儿园

幼儿文艺汇演获奖合照

有一回，要交垃圾费，可钱包里没钱了，第二天才发工资。不好意思对收费员说没钱，只好撒谎说没零钱只有一张一百元。把收费员打发走后，心里有说不尽的苦涩滋味。很长一段时间里，不敢去探亲访友，因为不能空手去啊。为了有计划地开支，我养成了记账的习惯。

为了改善生活，我求朋友帮忙找零活干：粘纸盒、穿伞骨、打毛衣。当时最好的收入是编织毛衣，编一件八块工钱。那段时间，又上班又熬夜赚外快，累得腰酸背疼，实在坚持不住了就半躺着打毛衣。经常走神织错了花样，还要拆掉重织。百钧看见了，总会心疼地叫我别打了。那时，我的腰也不争气，老疼，有时候疼起来躺着翻不了身，要百钧托着我翻身。走路也要扶着墙走。几次，还突然动不了，要急诊，经拍片检查，结果是：退行性病变，腰椎的第四、五节变形，并有增生。医生也感到奇怪，这病一般五六十岁以上的人才患有，可我才三十来岁呀？只能苦笑。这也可能是去农村劳动留下的后遗症吧。当时能支撑我的是某本书上写的：“……让我们敢于正视

儿子三岁作品入选“为了孩子·儿童绘画比赛”展览

痛苦，尊重痛苦！让欢乐得到赞美，让痛苦也得到赞美！两者是姐妹，两者都是神圣的。它们铸造出世界，使伟大的心灵充实。它们是生活，它们是天主。谁丝毫不爱它们，谁就既不爱这个，也不爱那一个。谁赞赏它们，谁就知道生命的价值和离不开生命的温馨。”

百钧的母亲看见我们生活确实紧张，苏睿身体不好，每次来，必定要带我们去“蛇王满”酒楼吃蛇羹补身体。并且每月一定要留十块钱给孩子买吃的。其实，我婆婆那时没工作，是从微薄的生活费里抽出来给我们的。人生最难忘的是，在最困难的时候有人帮助。虽是滴水之恩，却使我这辈子也难以忘却，更无以为报。

我当幼师教过儿童画，教育局请我利用星期天给学区的幼师们上美工课。虽补贴很少而且很累，我也愿意去。偶尔，有些幼儿园要布置环境，也请我去帮忙画画，我还接过画学前班英语教材示范图的活(这已是百钧快毕业时候的事了)。那时，钱对我们太重要了。

1988年，我们一家给黎雄才老师拜年

有段时间，我喜欢画油画，虽然没有老师指导，但凭着感觉和兴趣，胡乱涂抹地画了十来张色彩斑斓的小幅油画，百钧看后非常惊奇，不明白我是怎样调出来的色彩。我又搬出三原色、复色、邻近色、色阶、明暗对比等名词，可又说不清。弄得百钧越发糊涂，他心有不甘，决心回美术学院，找设计系的老师请教，钻研色彩构成、平面构成、立体构成，经过一段时间的学习，他的色彩感觉与构图有了质的飞跃。

1984年，百钧要下乡去西双版纳写生。去之前，他咳嗽了很久，我很担心。三岁的儿子缠着问爸爸去哪里，去干什么？当知道爸爸下乡去画画，喜欢拿笔涂鸦的儿子也不停地画。说要跟爸爸比赛，等爸爸回来看谁画得多。

有一次，儿子用圆珠笔在他外婆的床单上画了一艘很大的轮船和各种海底动物，得意洋洋地拉着我和外婆去看。我看了可高兴了！但外婆却直跺脚，床单洗不干净了。不过她没有责骂苏睿，只是严肃地对他说："床单是睡觉用的，不能在上面画画，墙壁上也不能画，乱涂乱画不是好孩子。喜欢画画非常好，应该在纸上画，能保存又干净，多好啊！"从此，苏睿再

儿子参加儿童画比赛

没拿笔到处乱画了。我也学会了教育孩子要有方法、讲道理。

接到百钧从西双版纳寄来的第一封信，他的咳嗽在天天吃柚子中不知不觉好了。还从西双版纳寄回几颗鸡蛋果，说我们没吃过，让我们也尝尝。真是“难得有心郎”呀！

一个月后，百钧带回好多画稿，其中有他的成名作《小憩》初稿。儿子也拿出他的作品，父子俩相互比拼。百钧很耐心地看儿子的画，并不停地问其中的内容。儿子画的都是汽车，他告诉百钧每辆车的功能，还说那一辆接一辆的车排长队是堵车。因为我每天带儿子上幼儿园要坐班车，而且经常堵车，所以他把这情景画出来了。儿子观察得还很细，有些车头还画上三个雨刮。我从没留意有三个雨刮的车子呢，还是儿子指给我看的。

儿子小时候很内向，有人来访总躲起来，从不跟陌生人说话。为了锻炼他的胆量，恰逢广州妇联在中山纪念堂组织儿童画比赛，我们替他报了名。到了赛场，才知道儿子是参赛儿童中年龄最小的。尽管赛前我们一直鼓励他，但比赛时他哭着不肯让我离去，监考老师怎样跟他说都不行。后来，老师让我

儿子八岁个展与老师合影

儿子八岁个展合影

站到能让儿子看得见的地方，他才不哭了，拿起毛笔有模有样地画起来。他画的是一艘在海里扬帆的轮船，简单几笔却有味道。可能是三岁拿毛笔画画吧，他的画居然得了奖品，还在文化公园展出呢。这可把我们乐坏了，带着儿子和父母们一起去看了几回。并逢人就提起，让儿子尽情享受得奖的滋味，从而激发了他学习的热情。

2.4 质文沿时，辞采凝锦

1985年，百钧又要下乡写生，父亲对我说百钧在爬高山，假如你不跟他一起爬，你们的距离就越拉越远，将来他到了山顶你还在山脚，那你们就没共同语言了。我猛然想起了“以才事君者久，以色事君者短”这句话，非常感谢父亲的及时提醒。父亲还说：“读万卷书不如走万里路，你应该和百钧一起下乡，到处走走能长见识，所需的费用我给你。”这是有生以来父亲对我的最大帮助和最有用的提醒。时至今日，父亲的这句话，我一直把它当作座右铭，时刻提醒自己努力学习，当好百钧的左右手，从没放松。

在父亲的帮助下，我和百钧带着儿子去了洛阳、龙门石窟、西安等地。洛阳的牡丹让我们惊讶不已，在南国长大的我们早知道牡丹是花中之王，国色天香。一见后赞叹不绝，真是雍容华贵，仪态万千。更没想到它植株粗壮，而且品种上千。龙门石窟的一排排石窟、一尊尊佛像，都是直接从山中凿出，工程浩大，我们切身感受到中华民族的文化瑰宝辉煌壮美。在西安，我们参观了兵马俑、半坡博物馆、秦始皇陵等，大开眼界。真是不出家门不知天地之大呀。

这两年，百钧创作了国画《雨霁》《皇冠蕨》《渔火》《秋霁》《畅游》《秋水仙子》等。这批画有些是取材于西双版纳，有些是生活的感受和积累。如《渔火》画面上部是一堆熊熊燃烧的火，下面是一群悠游的非洲鲫鱼（罗非鲫鱼）。非洲鲫鱼很美，五颜六色，配上红红的火苗，很有特点。这幅作品的构思源于在农村当知青时，每到寒冬腊月寒潮来袭，农民就把稻草杆铺在鱼塘水面，点上火，让水下的罗非鱼取暖过

《皇冠蕨》
90cm×90cm
纸本 1986年

冬。这种情景一直浮现在百钧脑海里，他最终把这触动灵魂的情景表现在画面上。尽管还有欠成熟之处，但是来源于生活的作品会令人感觉亲切。对生活的认知和创作经验，留下印记。

1986年，父亲再次给我们路费，让我们游历了厦门、泉州、福州、武夷山等地。第一次坐大船去厦门，儿子很兴奋，要出舱外看大海，可是飘荡的船晃得我们头晕目眩，赶紧把随身带的“双湿止痛膏”贴在肚脐和手腕上，不敢再走动，并回到舱位上躺着。到了厦门，下船后还感觉摇摇晃晃，发觉贴的“止痛膏”还没揭呢。安顿好住处后，我们急不可待地去了鼓浪屿，那宁静的小岛屿，开阔的海滩，令人心神荡漾。我们在沙滩上尽情地追逐玩耍，不小心把相机盖弄丢了，为此心疼了好久。这相机是居住在香港的舅舅知道百钧学习需要，托亲友带给他的。那一天，阵阵惋惜冲淡了欢乐。

《秋霁》
80cm × 120cm
纸本　1985年

在泉州，最令我们惊叹的是“风动石”，几千吨重的大石头，只有一指宽接在下面的石块上，风一吹两边摆动，但又掉不下来，真是太神奇了。苏睿不停地推那石头，想把它推下来。并提出要为我们在那块石头前照相。他第一次拿相机拍出来的照片还挺不错呢。

到福州，我们去福州大学探望了姐夫的姐姐。还去拜访了一位老画家，可他不在家。回程途中，看见一群鸭子一只一只站在石头上，很有情趣。百钧收集了该素材，后来创作了《秋韵》。画面上似有意似无意安排的枝条上，挂满成熟的豆荚，后面的石头上，井然有序地站成一排的鸭子悠然地卧、蹲着，或在梳理羽毛。整幅画用金黄色调子，充满收获、安逸的气息。枝条的随意分割，打破了常规构图，使画面富有现代感。

两天后，我们去了武夷山。武夷山重峦叠嶂，双峰横绝。奇丽的玉女峰被缥缈薄雾轻轻掠过，妩媚神秘。天人相依的优雅情致，美妙玉女袅袅屹立的姿态，深深地吸引了我们，久久不舍离去。攀登大王峰时，五岁的儿子也自己走着上，一路游客不停地给他加油。下山后，我们坐竹排畅游了九曲溪，清澈的溪水中小鱼不时游过，那奇形怪状的卵石引得我们不时惊叹。青山隐隐水迢迢，两旁不停变换的山峰，景色迷离，恍若神话。经过火焰山时，儿子兴奋极了，仿佛置身于当时热播的《西游记》的情节中。祖国的锦绣山河再次令我们亢奋，在脑海中留下无尽的遐想。

经过系统的研究生课程学习和几次下乡取材，百钧大开眼界，先后创作了《棕果果》《育苗》《杨桃》《清韵》《小憩》

《曼陀罗》
80cm × 120cm
纸本 1986年

《棕果果》 124cm×160cm 绢本 1986年

《泰锦白鸽》《曼陀罗》《秋水仙子》《夜朦胧》《游鱼》等一批作品，并与同学一起在广州美术学院展览馆作“汇报画展”，还写了毕业论文《试论“意”是花鸟画的灵魂》。该论文论述的创作思想，在他以后的创作实践中一直起着主导作用。

《棕果果》百钧画了两张，分别用蓝调和朱黄调绘成，产生的效果截然不同。他用仰视法构图，表现棕树来自根基的“力”，并用“撞粉撞水”技法画粒粒棕果，轻巧的松鼠穿梭其中，画面生气盎然。

《杨桃》的题材取自老家曾伴随百钧成长的杨桃树。他对这棵百年老树有着深厚感情，一次次地对树写生，一张张起稿，一遍遍渲染每片叶子，在贴近物象的基础上，采用合适的技法予以表现。利用中国画的线条“笔迹周密”地勾勒了树

《杨桃》 171cm×96cm 纸本 1986年

的形象。百钧先后创作了几幅以树为题材的作品：《棕果果》《杨桃》《蒲花》《秋韵》等。他真诚地描绘下为之感动的画作，画面中洋溢着内心对大自然的热爱和对美好生活的赞颂，每幅画中都记下了生活中令人感动的瞬间。正如丢勒所说："一切艺术来自自然，谁能从那里扯了出来，他就占有了它。"

1987年，百钧经过刻苦用功的学习，研究生毕业了，他获得了硕士学位，并留校任教。

在百钧读书的几年里，我们虽然很穷，但百钧没去"炒更"赚钱，而是把时间和精力都放在学业上。毕业后，朋友约

《小憩》 80cm×160cm　绢本　1988年
获1988年中国画大赛大奖　参加全国第七届美术作品展览会

他画一批写意画，他感觉很久没画写意了，就当练笔还能养家糊口，便满口答应了。已不记得每幅多少钱，只记得画好后，我俩拿着那卷画交给朋友，换回了几千块钱，既高兴又伤感。高兴的是，有钱了，好日子倏然而至；伤感的是，花了那么多精力画的一大卷画换来的只是薄薄的纸币，心生悲凉。经过画这批写意作品，百钧从中积累了经验，对笔墨结构的理解更深刻了。写意画中的豪放与大气及泼彩泼墨法对日后的创作大有裨益。将写意精神融入到工笔画里，也是意想不到的收获。

1988年，百钧取材于西双版纳的作品《小憩》获得中国画

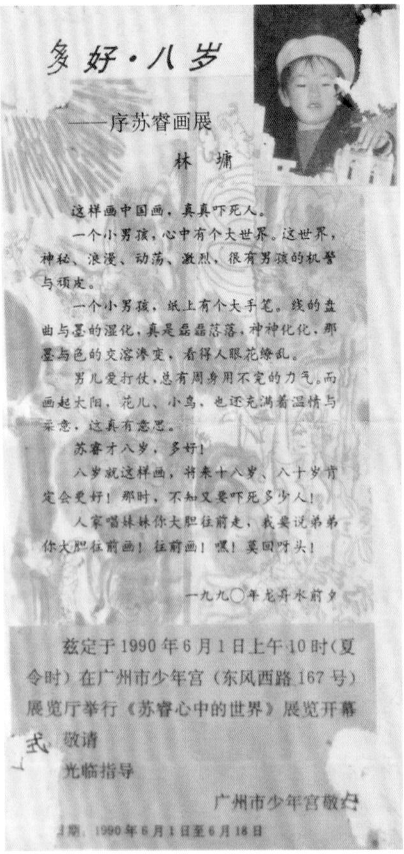

多好·八岁

——序苏睿画展

林墉

这样画中国画，真真吓死人。

一个小男孩，心中有个大世界。这世界，神秘、浪漫、动荡、激烈，很有男孩的机警与顽皮。

一个小男孩，纸上有个大手笔。线的盘曲与墨的湿化，真是磊磊落落，神神化化，那墨与色的交溶渗变，看得人眼花缭乱。

男儿爱打仗，总有周身用不完的力气。而画起太阳，花儿、小鸟，也还充满着温情与柔意，这真有意思。

苏睿才八岁，多好！

八岁就这样画，将来十八岁、八十岁肯定会更好！那时，不知又要吓死多少人！

人家唱妹妹你大胆往前走，我要说弟弟你大胆往前画！往前画！嘿！莫回呀头！

一九九〇年龙舟水前夕

兹定于1990年6月1日上午10时（夏令时）在广州市少年宫（东风西路167号）展览厅举行《苏睿心中的世界》展览开幕式

敬请

光临指导

广州市少年宫敬启

期：1990年6月1日至6月18日

儿子苏睿八岁个展前言

大赛大奖，并应主办单位之邀去香港旅游，还获得丰厚的奖金。百钧从香港回来时深情款款地送给我熠熠生辉的金饰品。我心里别提有多高兴了，这是他第一次送给我首饰，而且是用他的奖金买的。除了有“天下女人爱饰物”的理由外，更高兴的是他的画出成绩了。百钧还花了三百块钱给儿子买了套“变形金刚”玩具，儿子好几天都抱着那套玩具睡觉。二十多年来五六次搬家，而那套玩具依然完好地放在抽屉里，不舍弃去。

《小憩》的创意源自西双版纳澜沧江的支流：河床中浮起的沙丘带上布满卵石，数只水鸭静静地躺着，两旁的潺潺流水并没打搅水鸭们安然入梦。这和谐、宁静的情景激起百钧的创作欲望。画面采用“横破式”的构图，展示出朴质与整体。构图不拘泥于某种传统形式，而是按具体物象安排画面。不是简单地对物体表象的描绘，而是融入了深刻的生活体验。画中大胆“留白”，更显河床宽阔、宁静。轻松利落的笔法和舒缓柔和的调子营造出一种梦幻般的氛围，小笔触渲染的鸭子羽毛毫无斧凿的生硬感。画面精致细腻，以整体、安详、清新的抒情风格表现了百钧超然淡泊的思想境界。

1989年，我们家又发生了一件令人开心的事情，广州市少年宫在六一儿童节那天，为儿子举办题为“多好八岁”的个人画展。他的校长、老师和同学也来参观祝贺。儿子受到鼓励，更勤奋学习了。小学六年里，他连年被评为“三好学生”，在六年级时还被评为“广州市优秀少先队员”。他的画也分别获得广州市少年儿童绘画比赛一等奖，联合国颁发的儿童画比赛佳作奖等。在日后的学习中，儿子都很优秀。

1990年，广州美术学院院长把百钧的作品推荐给新加坡画廊。画廊老总对百钧的画非常满意，在新加坡为百钧举办个人展览。接着，花城出版社出版了百钧的第一本画集《苏百钧画集》。捧着画集，我们爱不释手，心中无限感慨。

第二年，画廊老总再次邀请百钧去新加坡举办个人展览，也邀请我同去，我们欣然同意。为了准备画展的作品，百钧昼夜奋战。看见他忙不过来，我“挺身而出”甘当下手。他把小

新加坡画展出发前

稿先画出来，然后教我打格放大，虽然放得不大标准，但还是很有用，这样他画起来就快多了。

等他的作品完成得差不多的时候，新加坡举办画展的邀请函寄来了，可是我们去办护照等了很久没批下来。直到画展开幕，我的申请才获批准，但百钧的还没批下。我坚持要等百钧一起同去。又等了快一个月，百钧的申请才批下来。虽然新加坡的画展已经结束了，但是好客的画廊老总仍盛情地邀请我们去新加坡、泰国旅游，还把来回的机票一并寄来了。

1991年，我们第一次出国，别提有多高兴。父母带着苏睿送我们到机场，要长时间离开他们便有点依依不舍。进安检后，回头向他们挥手，心里酸酸的，要是能带上儿子多好啊。

在飞机上，我们一直手拉着手。虽然在谈笑，但彼此都很紧张。到了新加坡机场，我们不懂英语，找不到出口，幸好有中国飞行员的指点，我们才走出机场。画廊老总夫妇早在机场门口等我们了。老总的家是一栋独体三层楼带花园的小洋房，很别致。老总性格开朗，每天早上开车送我们到目的地让我们自己去游玩，他再去上班，约好时间来接我们。我们无拘无束，玩得很开心。

新加坡是热带城市国家，而热带风暴从不经过这里，所以植物园的树长得特别高大。我们走在绿荫下欣赏着各种树木，迎面来了位马来西亚妇女，冲着我们直喊，以为她问我们是哪个国家的人，还以生硬的英语连说China，她指着前面的树和手中提的东西不停地喊。哦，原来那里有棵高大的芒果树，掉下来很多芒果。她是想告诉我们那里有很多又圆又大的青芒果，她捡了一袋子。我们捡了一个尝尝，哦，甜极了！高兴地又捡了好几个，带回去让老总他们也尝尝。新加坡的水果品种很多，老总带我们去尝椰青，里面的肉嫩、滑、香，可好吃了。虽然我们在南方长大，但从来没吃过。以前常听母亲说榴莲如何好吃，却没见过。老总买了一筐回来，又甜又香，味道真不错。再尝，上瘾了，吃完了唇齿留香还想吃。我们还品尝了番鬼荔枝、山竹等当时在国内还没得卖的水果，真享尽了口福。

新加坡画展

我们去了两次新加坡动物园，里面的动物种类很多，虽然有些动物屡见不鲜，可有些却从来没见过。园中大多数动物都是开放式饲养的，没有被关押的感觉，游人可以与其近距离接触。每种动物前都有自动解说机，人一走近就自动用几国语言解说动物名称、种类、喜好、产地等。最让我们感兴趣的就是飞禽馆和蝴蝶馆，那无数斑斓的蝴蝶，随意飞到你身上亲吻，可爱极了。在飞禽馆看了鸟类表演，聪明的鹦鹉不但会说话还会按主人的要求做各种动作，更能为主人收钱。百钧不停地拍照收集素材。我帮他背照相器材，跟着他东奔西跑，我戏语自己成了“白龙马”。

星期天，画廊老总带我们去基督教堂。步入教堂，一进门便看到红色的地毯，红色的窗帘，阳光充沛。我们从小受无神

在新加坡

论教育长大，当看见教徒们虔诚地祈祷、唱圣歌，直想发笑。但牧师抑扬顿挫的传道吸引了我，后来更被基督徒们的真诚和爱心所感动，忍不住流下了眼泪。之后几天，跟牧师畅聊了几回，各抒己见，侃侃而谈。知道了关于天主教和基督教之间的大概区别和一些基督故事，对基督教有了初步了解。佩服牧师的博闻强识，牧师送给我们一本《圣经》。我欣赏里面的一段话："爱是恒久的忍耐，又要有恩慈，爱是不妒忌、不自夸、不张狂、不做害羞事、不为自己谋益处、不轻易发怒、不计算人恶。不喜欢不义，只喜欢真理。凡事包容、凡事相信、凡事盼望、凡事忍耐，爱是永不息止的。"

离开新加坡后，我们前往泰国。泰国曼谷是现代与传统相交融的大都市，繁华旖旎、车水马龙、人头涌动。熙熙攘攘的大街，繁华似锦的商场，与广州有点像，经常堵车。但风土人情截然不同，传统的名胜古迹比广州多。叫人吃惊的是，几乎每个路口都有寺庙，发达的旅游业推动了国家经济。各种人妖表演更吸引了各国民众。

结束了愉悦甜蜜的旅行，我们途经香港回国。香港是国际自由贸易港，购物的天堂。现代都市，灯红酒绿，令人眼花缭乱。高楼大厦，鳞次栉比，给人压迫感。狭窄的城市街道，紧张的生活节奏，人们走路都是匆匆忙忙的。在香港，我是第一次也是最后一次见到了困难时期接济母亲的两位舅舅。在七舅舅家住了约一星期的时间，我们和舅舅聊了很多。回家后百钧很感慨：这次出国开阔了眼界，感受到受别人尊重的喜悦，明白别人尊重的是自己的艺术，并非口袋里的钱。钱，够生活就行了，关键的还是多出好作品。要与优秀的人对话，用超迈的理念，绘画出优秀的作品，在艺术的道路上更跃一层楼，必须不断攀登艺术高峰。

第三章

1. 倚醉丹青

1.1 衣带渐宽终不悔

出国回来后，百钧觉得现在不用为生计奔波劳碌，决心潜心做学问，创作一批约两米的大画，待时机成熟时办个人展览。制定计划后，他请人做了木画框，并开始为实现目标奋斗。在创作这批画时，百钧抛开一切杂念，心无旁骛地追随内心感受而画，不轻易为他人的意见左右，更不为利欲所动。他把自己的想法付诸创作的行动中。一方面是将内心抽象的审美意向转化为具体的视觉形象，另一方面是通过画作尽情地抒发对生活的热情。这是通过绘画这一艺术手段来传递自我与自然、内心与外界的交融。

百钧不断地写生，收集了大量素材。他想画三棱剑花，而这种花是晚上十二点才开得最灿烂最美丽，十二点后就慢慢凋谢了。所以，当夜幕降临时，百钧打着手电筒骑自行车到他老家芳村花地附近的邻家院子里，观察三棱剑花开放的情景。为了准确地把花的姿态画出来，他半夜三更点着煤油灯在院子里写生，并仔细观察三棱剑花绽开的全过程。熬了几个晚上后，百钧又去肇庆七星崖上观察三棱剑花的攀附生长状况。肇庆的剑花生性洒然，不拘形迹盘石生长，花茎瘦长、稀疏，因野性而更显力度。

百钧以三棱剑花为题材创作的《夜朦胧》参加展览后，获得“广东省优秀作品展”奖。并入选“第二十八回亚洲现代美术展”，应邀赴日本参加开幕式和进行学术交流。

百钧对生活中的一景一物都保持着艺术家的敏感。清明时节，回石井乡祭祖扫墓，看见许多农户用砖砌墙，让三棱剑花攀墙生长。那连成片的剑花很壮观，不似长在七星崖上的那种清冷疏瘦的样子，百钧看了很激动，决定要把这别样的三棱剑花形态转化为艺术形象表现在画面上。冥思苦想几天后，百钧告诉我梦见他父亲了，父亲教他用前所未有的手法去表现画面，百钧顿悟，想到了还是用朦胧的方式去表现不同意境中的剑花，他创作了《清辉》（又名《七月盛开三棱剑花》）。据说在广东潮州一带，三棱剑花还有一个优雅的称谓“月下待友”。在月光下等待朋友到来，这个名字太浪漫了，而百钧恰恰贴切地表达了这种浪漫。虽然，与作品《夜朦胧》一样都是画晚上盛开的剑花，但构图和表现手法大不一样。《夜朦胧》是用淡彩画法，较容易表现朦胧感。《清辉》是用重彩画法，用的是矿物质颜料，要表现朦胧感就相对难。他慢慢摸索着去画，一次次反复渲染，终于把剑花晚上开的那种“清幽闲逸”意境画出来了。一片蓝色的三棱剑杆表露出神秘而深情的魅力，盛开的剑花更显晚上的静谧，白色的花朵圣洁又充满生机，似乎在那幽深的寂寞中孕育着希望。黄色的花蕊与薄薄的花瓣在月色的衬托下，朦胧、清纯、婀娜，旷达中带有淡雅，让人遐想翩翩。

1997年，《清辉》获中国文化部主办的“中国艺术大展”铜奖。几年后，百钧应学生之邀去华南农业大学游逛，偶然看见剑花盘缠长在一棵松树上。广东人也称剑花为霸王花，那花也真够霸气，把高大的松树全部攀围，松树让剑花缠夹牵扯压得快枯干了。那情景让百钧怦然心动，思绪萌生，更感剑花生性不拘的旺盛生命力，既纵横恣肆尽显霸气，又疏阔萧瑟引人遐想。瞬间，画家的灵感汩汩涌出。回家后，百钧紧紧把握当时的感受，摆脱各种固有技法的束缚，在强烈的创作激情中用重彩画法创作了《谧・花间》，将剑花拔节而起的霸气尽显无遗。

《夜朦胧》 178cm×93cm 纸本 1988年

《七月盛开三棱剑花》 146cm × 177cm　绢本　1996年　获中国文化部主办的“中国艺术大展”铜奖

百钧为人随和，但作画严谨，追求完美。两年后，他意识到画画就是要用艺术手段把寻常静态的对象幻化为生动的形象。他感觉《谧・花间》上的两只蝴蝶太一般，而且有些地方要作修改，风格随心而起，他又画了《谧・花间之二》。随着时间的推移和不断地总结、分析，百钧感觉《谧·花间之二》还可以再修改，而且想尝试用三棱剑花的原色来表现花茎。不同的画法，萌生出新的创作意念，他从喜爱的蓝色调转为绿色调，又画了《谧·花间之三》。百钧对三棱剑花情有独钟，这不仅仅因为昔日他老家种过这种植物，我想三棱剑花的那种刚柔相济、侠骨柔情、傲气凛然的气节如对百钧响起嘹亮入云的羯鼓。

从《夜朦胧》《七月盛开三棱剑花》到《谧·花间》，以剑花为主题的系列画中，百钧运用不同的构图、色彩画法表现了同一植物的多样情姿，别样意境。植物的万千形态，或横倚、或下垂、或交搭等，经他匠心经营，呈现出无尽的诗情画意。这种认识与探索使百钧在这一系列的剑花作品中，尝试了各种手法。在不断的创作中与物象对话，与自己对话，在画幅中流露出真实情感。

1992年，美术学院分给我们大概二十多平方米的集体宿舍。随后，有位台湾老板出资，在美术学院里建了名为“德艺楼”的房子给三十多位年轻老师作画室，条件是每位老师回赠四幅画。百钧也集资了约三十来平方米的其中一间。为了上班方便，也为了让儿子有更良好的学习环境，我们决定搬到学院居住。之前我们住的是外公的祖屋，在广州最繁华的商业区，是从前西关的富人居住地，面积约有八十来平方米。因年代久远，房子虽已变得陈旧，但仍不失古朴的书香门第之风，住了十年的老房子要搬迁了，有点依依不舍，可我们深知“昔孟母，择邻处，子不学，断机杼”的典故。

搬到美院后，单位分的房子没有独立厨厕，而且破旧、黑暗，只能用于堆放杂物。于是，我们住到集资的画室里。搬家后，十岁的儿子独立性强了，懂得自己是家庭中的一员，应该承担家庭中力所能及的工作。每天上学前他到学院饭堂买好一家人的早点，每顿饭后还帮忙洗碗、擦桌。放学后，自觉地在长凳上做作业，那长凳拉开就是他睡觉的床，学习从不用我们操心。每天，我上班，儿子上学后，百钧就把画板搁在床上当画桌，我们家的大床像以前的古式床，头尾都有高起来的挡板，画板往上一搭就成画桌了。那段岁月渐行渐远，回首还有点依依眷恋。

其间，百钧创作了数幅巨大的工笔画。其中《晨韵》获“全国首届花鸟画展览”优秀奖（该展览的最高奖项）。这幅画的题材是百钧刚留校去湛江招生的途中，看见一排排的棕榈树耸立于大雾里，勾起了在南方长大的他曾与亚热带植物朝夕相处的回忆。多年来苦苦追寻的景象突然在脑海里浮现了。他忠实于自然，挖掘了物象本身内在而神秘的力量，再次用朦胧的手法表现画面：三只恩爱的鸟在风清月朗的静夜里梳洗，充满着平衡、纯洁、静穆，似乎在等待着明天似锦繁花的到来。画中的光影，丛叶的意境，在朝露、晨雾、风影流离之间，动静自若，刚柔并济。

百钧不断地从自然中“淘”生活，他的每幅创作都源于自然和生活中的经历，始终追随内心真切的感受，真诚地创作。《春寒》的来由，是春假期间百钧骑自行车回到以前插队的农村收集素材，在萧瑟的暮春中，春寒料峭的宁静田园里，他发现几只鸭子流连于风骨柔劲的野芋中，那诱人的乡土气息感染了他，昔日的情怀油然而起。经过对感性情怀的理性梳理，他采取回旋式的构图方式烘托出倒春寒时的意境，用苍劲的线条、传统与现代糅合的色彩、不拘一格的手法，把敦煌壁画的审美精神和现代人的绘画元素相结合，创作了这幅画。具有韵律意味的枯枝打破画面的均衡，使画面充满动感，强化“实中有虚，虚而不空”，制造出倒春寒的瑟瑟之感，天地之间的萧索气息陡然而出。从对自然物体的“写其形”升华为“写其神”，演绎了大自然中“物”与“象”的和谐，在心旌飘摇、神思远驰的遐想中，追求“欲达则达”。

《晚风》这幅作品的创作缘起：学院组织教学骨干去中山、珠海等地收集素材时，傍晚漫步江岸边，突然刮风，潺潺江水和随风疏狂的芦苇，与没感到山雨欲来仍漫不经心梳理羽毛的水鸭形成一种动与静的鲜明对比。此情景，让百钧心动神摇，恍惚坠入斐然旧梦。回家后，他大胆地尝试用泼彩泼墨手法及两个补色的结合来创作这幅画，表现高逸超迈的意象。画

《春寒》 145cm×183cm 纸本 1992年 获全国第五届工笔画大展学术奖

中运用了构成、写实、装饰、切色、水墨等多种手法，使画面充满神秘感。把物的表和里紧密结合，既表现了自然情景的真实，又传达了自己对自然和人生的感悟，这正是“知性演绎人生”。他说画这画，经历了一场未曾经历过的情感起伏，这种情感能否被人“理解”，无所谓，这种状态，是情之所至的倾诉心声。该画的完成，使他充满了自信。接下来，他创作了《余辉》《暮韵》《春雨》《静夜》《雾韵》《割禾之后》等作品。

《割禾之后》也是源于“知青”生活的体验与感受。每当收割后，如千军万马般的鸭子在稻田里忙碌地寻找掉落的稻谷，情景壮观、迷人，嘎嘎的叫声和拨水声至今犹在耳边回响。百钧用“神龙见首不见尾”的画法，把鸭子紧张的觅食姿态尽情演绎。

《割禾之后》 147cm×177cm　绢本　1992年

一只只向上翘尾巴的鸭子穿梭在水稻茬中，很有秩序与形式美感。金黄调子的晚霞余晖洒在水田中，更显露出画面的张力。

看着《春雨》那幅画，似乎感觉到了南方的淅沥细雨。“润物细无声”的雨丝弥漫着整幅画面，朦胧、迷人。那水烟中挺立的蒲公英，让人勾起青春情愫。百钧运用了多种绘画元素，利用补色的对比关系，使棕榈树、葵树、蒲公英与春雨“和谐”地融为一体。不拘成法地用艺术手段来表达对　“雨情迷蒙”的理解。

1993年，美术学院再次分了四十多平方米的房子给我们。这回我们和儿子都有了独立的生活空间。“德艺楼”的集资房

《春雨》 180cm×141cm 绢本 1992年

《雾韵》 180cm × 150cm 绢本 1993年

《暮韵》 140cm×174cm 绢本 1992年

纯粹作了画室。百钧画画的空间豁然开阔，他在创作的征途上更充满激情地前行。在寂寞的创作生活中，百钧思索着艺术手段的自由和特殊规律性、纯洁性等问题，围绕着描绘对象的性格、内涵，不断研究表现形式，变换画面构图。并不懈地在创作中探索自己的表现手法，在内心世界的尺度上自觉或不自觉地考察这些绘画方式。他有意识地将自己假设为观者，从外部剖析作品，再从内部挖掘内心的艺术感受。

这一年，百钧在广州美术学院美术馆举办了“苏百钧画展”，展出26幅工笔花鸟大画，反响很大。这得益于他父亲和导师之前的教导。百钧既不脱离传统，又有现代审美精神。他大胆用色，手法多样，在这批画里用丰富的色彩表现了南方的灿烂阳光。他借助色彩之间的互补与对比关系，使画面里的色彩富有节奏感，宛如音乐在回响。看似悄然如梦的景物里萌动着大自然的生机和力量，生命的液汁在画幅中搏动，体现了他对生活的激情。画里亦刚亦柔、有静有动、如简亦繁，融合传统绘画尺度与现代审美格调，得到很多老先生的称赞。

同年，他的作品《雨后》入选“全国首届中国画展览”。该作品画的是一群白鸭在捆捆竹子下躲雨、憩息，朦胧画面呈现出雨后的雾气迷离。明亮欢快的黄调子里充满生机，预示着即将迸发的灿烂阳光，一切是那么美好，那么愉悦。

随后，百钧更是渐入佳境，他创作的《圆寂》获“第八届全国美术作品展”优秀奖。这幅画稿是百钧去成都时面对满目凋零的残荷后有感而发。回来后先创作了《秋荷》。画面上没

《雨后》 139cm×175cm 绢本 1997年

《圆寂》 150cm×180cm 绢本 1993年 获全国第八届美术作品展览优秀奖

有画“浮花浪蕊”，只画了片片倒盖的枯叶，孤零的游鱼在找着什么，有“病魂常似秋千索”的凄婉。之后，百钧在珠海看见只剩下叶梗的荷塘，“倚楼听风雨，淡看江湖路”的悲凉之感油然而生，和秋雨、秋荷，产生了共鸣，把他带进一个超

父亲携朋友观展

越视觉基础的联想，在激情涌动之下，灵感顿生，把《秋荷》改画成只剩枯梗的《圆寂》。画中，荒芜的荷塘，昔日的繁花胜景已去，只剩落寞孤鸟独鸣。线条是模仿自然的力量，百钧利用如“屋漏痕”“锥画沙”的线条刻画残荷的枯苍。把物体的形和神置放在一个被升华了的意境中来表现，使画面意味深长。更难能可贵的是，他用中国画的笔墨功夫表现出现代气息和构成的形式美。该画被文化部送去德国展览时，被德国莱茵美术馆收藏。它代表中国文化艺术传播到世界。

百钧的画开始受欢迎，经常有卖宣纸和毛笔的人拿着纸笔来要求换百钧的画，甚至把笔放在门外说送给我们。有次百钧用两幅作品换了套音响，蛮高兴，享受以物易物的快乐。但后来发觉换来的纸不好画，而且来者越来越多，便干脆一一拒绝。

1993年的一天，上班途中我淋雨着凉，心跳得厉害，医生建议住院检查。结果是左心室血流下降，诊断为早期冠心病。真是病来如山倒，每天下午五点左右，心就堵得慌，难受极了，只好休病假。这对我打击很大，似乎到了世界末日，思想偏离了轨道，把自己紧紧地束缚在一个笼子里不能自拔。百钧每天晚上陪我散步，不断开导我，并指出我自身的致命弱点，与我共同回望前尘旧事。豁达深情的鼓励，宽厚温情的陪伴，让我的情绪慢慢平复，增强了自信，开始正视病况，渡过了人生低谷。

百钧母亲来看我们，劝我不要再工作了，养好身体，料理好家务，就等于帮助了百钧。但今后生活怎么办？我迷茫不已。她鼓励说："你有空时帮助百钧过过稿、收集资料、整理素材，相夫教子这就是财富，只要精打细算没有过不了的坎。"这些话让我感动不已，至今记忆犹新。一般老人都不愿意媳妇在家吃闲饭而要儿子拼搏养家，极少如她这般高瞻远瞩。多年以后，思忆点滴，选择不上班是对的。我非常感谢她当年给的这颗"定心丸"。

这段时间，百钧创作了《退潮》《蒲花》《庭院》《梦》《绿篱》《夕照》等作品。

百钧与导师合影

《蒲花之二》 180cm × 150cm 绢本 2011年

《夕照》
150cm × 180cm　绢本
1993年

1.2 馥林已成梦，新居亦燕来

转眼到了1995年，百钧家在芳村花地的祖屋因扩路要被拆迁。搬迁那天，我们赶回去和旧屋作最后的告别。推门进家，只见百钧的母亲沉郁、茫然地呆坐在石凳上，追溯往事，黯然神伤。这件事对百钧母亲的打击实在太大了，她在这里风雨飘摇地住了大半生。这座老屋曾留下欢乐与哀伤，难舍难弃啊！那棵在百钧笔下曾果实累累、经历百年沧桑的老杨桃树，似乎也预感到这间曾经抚育过八代花农两代画家的老房子危在旦夕，也在悄悄枯去。倚门回首，睹物伤情，我们在老房子前拍照留念。事后，77岁高龄的老母亲，经这变故开始越来越糊涂，这一切留给我们一缕缠绵隐痛。

房子的拆拆建建似乎成了时代的新乐章。这一时期，美术学院开始集资分房，我们分到了建在美术学院内120平方米的新房。苦思冥想出装修方案后，便开始买材料、选配件、请工人等，忙得不亦乐乎。装修期间，我劳心劳力，天天当“监工”，三个月后装修完毕，请了两位民工帮忙搬家，像蚂蚁运粮似的大概又忙了一星期，弄得筋疲力尽。

1996年，拆迁前在花地旧居与妈妈留影

搬家后，生活走上正轨。新房子温暖舒适，宽敞的房间让我有了圆梦的机会。很想买台钢琴，但百钧觉得已有手风琴了，而且也没见我拉奏几回，再买钢琴也只是摆设而已。我反驳道，你买了满书柜的书，天天都拿出来看吗？我从小就渴望家里有台钢琴，但那时没条件。结婚后不是生活拮据，就是没地方放，现在都好了，我很想实现愿望。百钧心有感触，经历了多少辛酸，爱妻所愿才可以得偿，于是当即决定和我去挑选钢琴。钢琴买回来后，我高兴极了，整天坐着“乱弹琴”，还自得其乐地问百钧“好听吗？”，他从不说难听，只是建议我找老师指教。但学费可是不菲的呀，我已经不上班了，怎能乱花钱呢？我的心事没跟他说，只告诉他不想有学习压力。其实，我岂止是想学钢琴，还想学拉小提琴！“文革”时停学在家，妈妈知道我想学小提琴，节衣缩食到旧货摊花了20块钱（当时妈妈的工资只有40元）给我买了把旧小提琴。没人教，自己买了本《小提琴入门》的书，模仿着学拉空弦。遇到不懂的问题，就写信请教一位远方亲戚。可没多久，这位远方老师不幸死于非命，只好自己胡拉乱奏。这琴伴我度过了八年的农村生活，回城后父亲把琴送人了。百钧一直以为我小提琴拉得很好，直到他的一位朋友送我一把旧琴，我自得其乐又重新拉起的时候，他才大失所望。我曾自学过不少乐器，除了小提琴，还有秦琴、扬琴、八弦琴、手风琴、吉他、二胡等。只是都没有正规老师教，所以全是乱弹琴。不过，我就

广州美术学院新居

百钧为我买的钢琴

是仗着这“乱琴手”的名号，在农村宣传队当骨干。百钧戏语“山中无老虎，猴子当大王”。

我们在新家宽敞的窗户外面用铁条烧焊了两个很长的大花架，加上大阳台，有足够地方让我们种菜养花。百钧喜欢种花，我喜欢种菜，我们把“地盘”划分为二。阳台归我种菜，花架由百钧种花。从花地老家搬回的花盆全派上了用场，我播下白菜、生菜种子，天天浇水，看它发芽、长大，回味着当知青的感觉，不亦乐乎。百钧也种了各种花卉，特别精心护理从花地老家移植回来有着特殊情怀的绿墨兰、兜兰和鸳鸯茉莉。几个月后，我种的菜可以收成了，分给邻居同享，还晒了菜干留着煲汤用，幻想着“自留地”能自给自足。可是到了第二年，种出来的菜很容易生虫，第三年我失去了兴趣，把我的“地盘”全交给百钧做主了。

其间，种菜种花的肥料来源于宠物乌龟的粪便，我们在阳台上养了九只乌龟。其中一只已养了二十多年，称为“老嘢”（粤语，“老头儿”的意思），它全身乌黑只有一拳头大小，每当我在它背上抚摸时，它就摇动四肢跳起“迪士高”，很逗人。百钧每天吃早餐时顺便给它面条。它没有怨言，吃得满开心的，还有一只大龟叫“肥肥”，不爱动，胖乎乎的，整天泡在水里。“老嘢”总是情深意长地追着它谈“恋爱”，可“肥肥”却装得满不在乎，好像看不上“老嘢”。还有一只叫金龟，黄赭色的甲背带条金线，趾高气扬的，一副帅哥样。其他的几只龟是从指甲般小养到手掌般大，名为“巴西龟”。喂乌龟、给乌龟洗澡是件乐事，但是洗阳台、清脏物又是烦事。这些不声不响、从无怨言的宠物们给我们添了不少情趣。

前段时间的装修、搬家、收拾整理等，忙得我晕头转向、筋疲力尽，引起发烧、心闷，再次住院治疗。这回确实证明自己的心脏有问题了，只好坚持每天吃药，凡是粗重活百钧全不让我干。那年儿子已读初中二年级，天天玩电脑游戏，成绩不断下降。我心急如焚，拽着百钧要他去开家长会（之前所有家长会都是我去参加）并提出“养不教，父之过”。百钧与班主任交谈后，回来语重心长地跟儿子聊了很久，足足两三天时间。他鼓励儿子订目标找方向，迎头赶上，还帮助儿子设定“远大”理想。事后，儿子主动把电脑移放到我房间，决心中考后再摸电脑，至此安心学习。

初三上学期结束时，儿子的成绩升到全班前十名，校长在大会上表扬他仿佛坐了直升飞机，这对儿子的鼓励很大。中考时儿子不想考高中，要考美术学院附中，要走画画的路。当时他成绩好，读高中可以免考，读美术学院附中就要考专业和文化科。儿子敢于自我挑战，我们尊重他的决定。结果，他以第八名的成绩公费就读美术学院附中。

1.3 翰墨见真淳，踌躇赴北去

1996年，百钧的作品《酸豆一株起卧龙》获“孙中山与华侨”国际美术作品展铜奖。这幅画创作前，百钧和我专程前往广东孙中山故居收集素材，看到了孙中山先生生前亲手栽种的酸豆树。这棵已有百年树龄，经历了时世变换，星月轮转，老态龙钟的古树，盘龙似的斜卧生长，人们用根根木桩撑起它历尽艰辛磨砺的身躯。而它的叶子依然生机勃勃，宛如昭示着今日开明盛世的辉煌。在创作时，百钧用大面积的黄色渲染树冠，使之充满张力；用树干横卧生长的“动”与硝烟中的“宁静”，让画面意境神秘。以不同的表现手法描绘树的不同部位，表现出树顶与树干的反差。那幅画给我留下深刻的印象。到我们移居北京后，学生从南方带来酸豆，品尝后随手将乌黑晶亮的种子播在花盆里，来年长得郁郁葱葱。突然感觉它就是我心目中情有独钟的酸豆树，希望它能伴我们在北京浅斟低吟。

《拒霜》是百钧去美国学术交流后创作的作品。他感觉美国阳光灿烂，色彩浓烈，要把这种感受通过画面表达出来。该画利用强烈的色彩来增强感染力，画中满构图的丛林后，羊群悠然而过，境界豁达，红叶色彩斑斓。这画，先后画了两张，第一幅太浮艳了，他感觉未能达到预期效果，又画了第二幅。之所以如此激动，是因为美国给他留下的印象太深了，以至发现自己的画面中有太多的东西需要改变。画完这幅画后，他对色彩有了进一步的理解，更体会到对比色、补色的价值与意义，他的画风开始转变。

《热风》是百钧随性泼彩，后来不满意一度想要放弃的一幅画。我倒觉得那红色很美，不舍得扔。百钧对着画看了很久，突然感觉可以通过纯化处理来概括热带雨林，从而传达自己的意象。随即依势而动，创造性地发挥想象，对所画物体进行独具匠心的修裁，在画面上加了白鹇、火鸡等小动物，多而不乱。并用金粉勾出黄穗，顿时画面活跃起来，生机勃勃的热

《拒霜》 150cm × 180cm 绢本 1997年

《热风》 145cm×183cm 绢本 1997年

带雨林呈现在眼前，令人怦然心动……虽是国画，但画出了热带雨林的感觉，色彩饱满而热烈，尤其引起西方观众强烈的共鸣，后来在中国美术馆展出时有位波兰女画家想买该画。

百钧勤奋地作画，没有丝毫浮躁。常年作画，百钧胳膊累得酸疼，颈椎也有毛病。刚好美术学院工会开办交谊舞学习班，我拉着他去学。百钧从来没跳过舞，怕出洋相。而我还保留小时候的舞蹈情结，希望他能陪我，不断地死缠烂磨。终于，每星期三晚，百钧陪我在白炽灯下一步一拍地学舞步，到星期六晚工会组织的舞会上，我们就实地练习。开始，百钧老踩我的脚，或低头看脚步口念一二三。我不时提醒抬头、挺胸，慢慢他也不害羞了，还学会邀请别人跳。跳舞后，他胳膊不疼了，人也精神了。可是一段时间后，去跳舞的人越来越少，没了氛围我们也没干劲了。后来，在家里做了活动乒乓球台，每当百钧画累时，便把画桌一移，打乒乓球，既方便也很开心。有时儿子也加入我们的活动中，全家人其乐融融。在欢声笑语中，百钧完成了一幅幅大画。

我和百钧耳鬓厮磨，志趣相投，对他的作品有种特别的情愫。对大画，更是珍爱有加。偶然有人想收藏，我们总是依依不舍，甚至彻夜难眠，要是归属的地方不理想，还真不肯出手呢。有一回，百钧把一幅有败笔的画塞到炉子里准备烧掉，我掏出来裁成四张扇面，百钧再加几笔，趣味斐然，后来还出书了。百钧画大画之余，喜欢兼画小扇面。他的小扇面经常是突发奇想，由心而出。在扇面画中，他不拘成法，对绘画技法进行大胆探索，在传统的绘画法度中不断变换表现手法，张弛有度，为表达自己的意念而采用各种新的技法。他说画扇面可以放松，与大画也有个对比。那年，福建美术出版社将百钧的十五幅作品编入《中国工笔画当代精英画家作品集》。

1997年底，几位评论家来广东组稿，看到百钧的那批大画，建议他去中国美术馆举办个人展览，几经考虑百钧同意了。北京的评论家亲自为他联系展馆，张罗前期工作。我们在广州也紧锣密鼓地做各项准备：选画幅、规划布置、印招贴、发请柬等。展览时间定于1998年国庆，刚好与第四届工笔画展同天开幕。几位老先生提醒百钧：个人展与全国工笔画展同时同地开幕，就等于要和全国工笔画精英较量，能行吗？但百钧感觉成败无所谓，该来看的人都来看了，不用自己去请多好啊！我和百钧决定去北京“潇洒走一回”。

1998年9月，我和百钧扛着用了九年多时间创作的20幅180cm×150cm的工笔大画和20幅小扇面“进军”北京。刚入秋的北京红叶萧萧，秋风瑟瑟。十年前，我曾来过，多年后，再也找不回曾留在脑海中的点滴痕迹。安顿后，借用画框、寄送请柬、请裱画师傅上板装框。忙乎了几天后画展要开幕了，帮忙打点一切的评论家突然说要出差。这下子我可慌了神，人生

1998年，在中国美术馆举办苏百钧画展

地不熟的场面怎样应付？虽然百钧不是第一次办展览，可这次是面对全国观众的呀！

画展前一天才发现前言还没刻字，急忙请美术馆工作人员帮忙开幕前一定搞好。第二天开幕时，因为全国工笔展和两个外国展览同时开幕，一下子人潮如海。我们一边招呼客人签名，一边分发带来的印刷品，手忙脚乱。幸亏一位曾在广州美术学院进修的学生看我们忙不过来，马上叫来几位正在中央美术学院进修的同学帮忙，瞬间井然有序了。感谢！

百钧的作品摆在一大一小两个连着的展厅中，大厅展的全是大工笔画，小厅展扇面，规格统一、整齐。比二楼的全国工笔画展布置得还整齐。一位陪中央首长来为外国展览剪彩的办公厅主任拉住百钧的手直夸我们的展览太棒了，并说好多年没见这么好的展览，还把中央首长请过来参观，让我们和首长合影。百钧的画展得到一致好评，有些人来看了几趟，还有一位阿姨在展览要结束的那天，为了拿到摆放在签名桌上的印刷品，等了几个小时。美术馆还留下百钧的资料作馆藏。在几位学生的帮助下，画展举办得很顺利，也很成功。同年，入选了全国工笔画大展的作品《露寒》获“第四届当代工笔画大展”铜奖。

北京画展回来后，百钧开始忙起来。岭南和四川等美术出版社分别约他出画集。我们天天紧锣密鼓地准备。感觉天地之间，一股神圣的使命感穿越时空而来。那年，他的作品被先后编入《白描花卉——苏百钧》《名家精品——苏百钧》《苏百钧扇面画艺术》等画集。他的论文《象外追维》及四幅作品在有关杂志上发表。文化部给广州美术学院发来公函，聘他为中国文化部主办的“重彩画高级研究班”导师，邀请他去北京给该班学生授课。

每天晚饭后，我和百钧喜欢绕着学校足球场走几圈，校园内再走几圈。月下散步，笑语翩跹，海阔天空地漫谈，有回忆也有畅想。有几回，百钧看着天空跟我说不想当流星，想做恒星。怎样才能做恒星？望着这寂寥深远的星空，我感觉他异想天开。他却陷入沉思冥想中。百钧常说：“大海很大，像浪花冒一下不容易，像礁石那样永远屹立于汹涌的大海里更不容易。”言外一股浩然之气，翘首昂然。

那年，我们应学生之邀去湖南岳阳洞庭湖的候鸟自然保护区观鸟。时值12月，刚下过雨，寒风呼呼。其他人都在屋里聊天，我和百钧漫步在大堤上看风景，念着姐姐教的抒情诗《西洲曲》：“海水梦悠悠，君愁我亦愁。南风知我意，吹梦到西洲。”突然，百钧弯下腰捡起一块石头，在水坑里洗干净递给我。喔，好漂亮的黄蜡石呀！我拿着这块巴掌大的蜡石，不停地把玩，爱不释手，慢慢地感觉那黄蜡石的形象是头蹲着的牛。我顿悟，上天赐此石仿佛是给我暗示，我该像这黄牛，无怨无悔地勤劳耕作。这黄蜡石成了我随身携带的吉祥物，到现

《露寒》 147cm×183cm 绢本 1997年 获全国第四届中国工笔画大展铜奖

在，我一直把它放在枕下，每晚把玩方才入眠。

有位朋友常跟百钧唠叨说股市能赚钱，还能运用《易经》推理算出哪只股好。还说，反正我整天在家，他作指导教我操作，不用百钧费心。在那朋友的游说下，百钧也蠢蠢欲试，叫我动动脑筋，炒炒股。整天在家，与人交往少，容易患老年痴呆。想想也是，我们的七舅舅在香港整天炒股，九十多岁了，还脑筋灵活，反应敏捷。带着一半为了健康，一半为了赚钱的念头，我去开了股东卡，并跟着那朋友学炒股。开始，不敢用太多的钱去炒。也不敢告诉父母，怕他们听了担心并反对。小心翼翼地，嘿，真赚了些小钱。另一位朋友劝我放开手脚多下点本钱并保证及时给我报料，股票该走的时候通知我。百钧也说要么就别玩，要玩就玩大点。想想也是，反正花了时间和精力。又投进本金，赚了约五六万，可开心了。谁知，股市突然大跌，没人提醒我，结果给套住了。亏了钱不想走，越亏越多，开始厌倦了，埋怨百钧把我推入“苦海”。朋友得知后，答应帮我们管理，结果赔得更厉害。百钧只好把剩得无几的股票移交给他的一位老同学、好友打理。巧的是，这位老同学开始炒股，是听我游说而起的，但他很认真地去研究，视股海为游乐场，后来有很大收获。

这两年百钧创作了《烁·金色季节》《冬雪》《清溪》等作品。

1999年，百钧创作的《晨风》准备参加第九届全国美术作品展览。这幅画了好几个月的作品还请来资深的老教授评点、提意见，反复修改，结果被否下来了。这狂风骤雨的鞭笞和令人窒息的现实，对正春风得意的百钧打击很大。严峻的考验和失望，使他情绪低落，我束手无策，真害怕他会因此一蹶不振。经过一段时间的沉思后，百钧在创伤深处找到了绘画的目标和绘画的本质，坚定了画画是持久不变、贯穿一生的信念。随后抛开郁闷乏味的世俗，又握起手中的画笔，重新进入欢愉又充满希冀的追求中。从此，百钧不再为某个展览、某次评奖专门创作，而是每幅画都追求完美与真情表露，不断地创作成了他无法遏止的内心需求。

2000年，中央美术学院邀请百钧兼任国画系本科班花鸟课程教师，他的业务水平和教学成果得到肯定。院领导提出调他到中央美术学院工作。百钧感觉皇城脚下学习氛围很好，有挑战性，若能到北京工作对画业将有很大推动，欣然接受，并回广州做我的思想工作。骤然一听不可理解，目前的生活安逸稳

《冬雪》 36cm×50cm 绢本 1999年

定，到北京则人地生疏、天寒地冻，为何非要去接受挑战，自找苦受？百钧却认为如果调去北京工作，一方水土养一方人，相信自己的画风将有改变，画业也会再上一层楼。虽说生活稳定了，但男人更注重的是事业。看他那么激扬从容、深思熟虑，那么渴望去遨游，而且热血沸腾，态度坚定。想想农村的生活那么艰苦都能熬过来，结婚后我们白手起家也过来了。现在，既然百钧不愿平淡终老，那我就和他一起策马扬鞭，再去抻阖天下吧。

这年，荣宝斋出版社出版了《苏百钧工笔画集》。

《清溪》
60cm × 70cm
绢本 1999年

1.4 异域任心驰

2000年8月，我和百钧前往欧洲十一个国家旅游参观。再次出国门心里很兴奋，坐飞机到泰国曼谷机场等了六小时后再转机去意大利。曼谷机场与十年前相比，喧哗的机场像个大型超市。从曼谷到意大利，飞机朝着太阳下山的西方飞行了十三个小时，整个飞行过程都感觉像是在黑夜。

经过未眠的一夜，第二天七点左右才到达意大利达芬奇机场。踏上这块见证人类文明和成就的土地，一位中国籍姓杨的小伙子带领我们坐大巴去罗马郊外参观圣保罗大教堂。雄伟的建筑令人兴奋，疲劳全没了，我们围着教堂拍照留影，走进教堂做祈祷。在罗马，一位七十多岁的老太太导游领着我们坐公共汽车进城。因为2000年是“圣年”，旅游人很多，旅游车不能开进城，所以我们只能坐公共汽车或走路了。在罗马城，一张公车票一天内可以反复使用，非常方便。我们在罗马斗兽场站下车后，绕着这座像碉堡一样庞大的古罗马时代贵族们斗牛、竞技、赛马寻乐的斗兽场观看外景，很多地方已只剩风化的土墩。我们很想进去看看，然而门票不菲，只好坐公共汽车前往梵蒂冈。

当知青时，我在一本书上知道梵蒂冈是世界上最小的国家，面积只有0.44平方千米，大概是我们故宫的五分之三，但却是全世界10亿多天主教徒的圣地和精神中心，一草一木都沉浸于浓厚的宗教氛围之中。它的神秘色彩一直吸引着我，总希冀能亲临目睹。终于来了，而且当年恰好是25年循环一次的圣年，圣彼得广场人山人海。广场的两侧是半圆形的大理石柱廊，柱廊共有284根圆柱和88根方柱，分排四列，形成三条走廊，造型和谐，气势恢弘。广场中央耸立着一座高插云霄的方尖石碑，碑尖上的十字架造型与天相连。我和百钧边拍照边随着人流走向圣彼得大教堂，这里共有五个门：圣门、中门、圣事门、善恶门、死门。平常游人走中门，刚好我们碰上了圣年，幸运地从25年才开启的圣门走进大殿。呈现在眼前的简直就是一座艺术宝库，屋顶和四壁都有以《圣经》为题材的画作及雕刻作品。

其中，有米开朗基罗24岁时创作的《圣殇》。圣母怀抱死去儿子时的悲痛感和对上帝意旨的顺从感，在作品中刻画得淋漓尽致。贝尔尼尼雕制的由4根铜铸的螺旋形柱支撑着的、足有五层楼高的青铜华盖沉稳大气。华盖前面的半圆形栏杆上点燃着99盏长明灯。还有同是贝尔尼尼设计的圣彼得宝座精美至极，令我们叹为观止。教堂里虽然人流不息，但很安静。庄重肃穆中教主在说着什么，忽然圣歌四起，我们也随节拍而和，不知道唱的是什么却很激动。从教堂内出来后，我们和一位身着500年不变的奇异制服的士兵拍照，他那像马戏团小丑的衣服很可爱，据说这种制服也是米开朗基罗设计的呢。接着，我们去了许愿池，也学着人们背向池水往池里抛币。没硬币，只好用纸币代替。我默默许愿，期盼愿能成真。

我们还参观了威尼斯广场、古罗马斗兽场遗址。踏在这几乎每一寸土地都是古迹的城市上，到处都想看，一天下来累得够呛。第二天一早，我们去参观梵蒂冈博物馆，人很多，长长的队伍差不多把占地约5.5万平方米的博物馆外围了个圈。博物馆早期是教皇的一座宫廷，里面约有三四层，12个陈列馆和5条艺术长廊。展出的全是古希腊、罗马时期的遗物和文艺复兴时期的艺术精华。其中，艺术大师拉斐尔的艺术珍品《雅典学院》以画心为焦点透视描画的层层拱门，极有纵深感。壮观的场面、姿态各异的人物，深深地吸引了我们。博物馆里西斯廷小教堂的天花板和墙壁上有米开朗基罗绘制的天顶画《创世纪》和《最后的审判》，工程浩大，是非常人能完成之巨作。在《最后的审判》前，百钧告诉我，画家是以超人的勇气用了近六年时间才完成了这幅体现他大无畏的艺术魄力的巨作。

为了让魂牵梦萦几十年的梵蒂冈梦留下纪念，在博物馆里我买了条项链，还买了盖有梵蒂冈邮戳的明信片寄给苏睿。

去佛罗伦萨的途中，我们观看了世界建筑史上一大奇迹的比萨斜塔。比萨斜塔原来是比萨教堂的钟楼。斜塔共有八层，外观呈圆柱形，用白色大理石砌成。斜塔的旁边分别是主教堂和洗礼堂。在蓝天白云、绿草地的衬托下，斜塔、教堂显得格外美丽，大家不停地拍照，似乎想把斜塔的每个面都拍下来。我建议百钧站在石墩上举起右手，给他拍了张“手撑斜塔”的照片，很有意思。半小时后，我们继续坐车赶往佛罗伦萨市。

佛罗伦萨市是举世闻名、充满永恒之美的文化古城，保留着文艺复兴时的辉煌风貌，如同一座文化灯塔散发光芒。该市有四十多个博物馆、美术馆，六十多座宫殿和许多形式各异的教堂、广场。这里的艺术作品琳琅满目。

在乌菲齐美术馆里，我们看到了波提切利的《维纳斯的诞生》和《春》，画中的维纳斯淡淡哀伤的迷茫神态和美惠三女神那富有韵律的舞蹈动作和手姿，洋溢着爱的温馨和女性的美，丝丝入扣、激情四射，两幅名作的内在张力和细腻感，令我们流连忘返。

来欧洲前，我从不关心外国画家们的作品，对他们的姓名更不了解。站在这些经典的作品前，百钧一张张给我讲解，道出作者名称，并提醒我哪张是名作，该注意看哪里。在提香的作品《花神》前，百钧提示这是乌菲齐美术馆的镇馆之宝，也是意大利的国宝。还告诉我，提香是位伟大的色彩大师，他强调色彩和谐，绘画笔触服从于色彩与光线的对比需要，笔触不仅刻画出对象的质感，同时笔触的动态起到塑造形体结构和传达情绪的作用。

在这座被称之为“文艺复兴摇篮”的城市里，我们还参观了韦基奥皇宫、海神喷泉和米开朗基罗墓，伟大的先驱诗人但丁纪念碑和画像，到佛罗伦萨美术学院参观米开朗基罗雕塑的大卫像。雕塑做得非常好，优美雄厚的气魄中凝练出张弛有度的节奏感。

我和百钧还走到圣乔凡尼洗礼堂，看到了基布尔提创作的三道浮雕铜门，尤其认真地欣赏了耗时27年才完成的由米开朗基罗命名的东门《天堂之门》。这座铜门既是建筑物，又是精美的雕刻艺术品。我们不知道进入洗礼堂要买门票，糊里糊涂进去后，看见里面有很多用金贴的画，富丽堂皇、华美耀眼。我俩还走进了最高最美的圣母百花大教堂。教堂的圆顶部是瓦萨里绘画的《末日审判》，很精美。每走进一座教堂我都祈祷，许下心愿。

威尼斯是我们梦寐以求的地方，它是一座美丽的水上城市，靠着呈“S”形的大运河像蛛网般密布的支流分割出一百多座小岛，岛与岛之间有各式桥梁连接着整座城市。威尼斯所有的建筑地基都淹没在水中，整座城市像水中升起的一座艺术长廊。以河为街，以船代车，蜿蜒的水巷、流动的河水、川流不息的人群、美丽的风情，就像漂荡在碧波上浪漫的梦，难以描绘。当地导游给我们介绍叹息桥生离死别的悲惨故事，带我们去威尼斯的心脏——圣马可广场参观，那美丽的回廊令人难忘。

圣马可教堂是一座古老的天主教堂，里面的画全用马赛克和金箔贴成，金碧辉煌。参观的人很多，里面不能久停，我们只能随着队伍往前走。出来后，我们坐上贡多拉游船，顺着岛内的支流行驶，河水很臭，河床很窄，立于两旁已经破旧不堪的房子刻画下漫漫岁月留下的痕迹，房子没人住了，但是每个窗台上都种有美丽的花朵，与那一道道残存的岁月遗风相映衬，如包浆的古董，有一种残旧美。

下船后，我们走在纵横交错像八卦阵的小巷里，百钧对自己的方向感很有信心，领着我东奔西跑，并按时找到集合点。可有位与我们同行的老师却迷路了，在“八卦阵”里走了两个多小时，好不容易才和我们会合。

在威尼斯的另一座小岛里，我们参观了水晶玻璃的制造过程，还买了几本介绍意大利、威尼斯、佛罗伦萨的书，和两条皮带作为纪念品。

去米兰的路上，杨导滔滔不绝地介绍欧洲各地的画派、画家和各名画的去向。他学的是美术史，介绍起这些来如数家珍，让我们听得津津有味，学到了好多知识。一路上的异国风情也吸引着我们不停地拍照。

在意大利北部最富饶的波河流域中心的米兰，一些曾经辉煌的古堡经历了千百年的风雨剥蚀，风光不再，残墙断壁，有些已风化得只剩土墩。走进古堡，阴森寒冷，像电影中的监狱，演绎着人类文明与时代发展的历程。我们边走边为古堡叹息。突然，在一片树林中的草地里，百钧捡了一个长得很长很特别的松果，还捡了一片很漂亮的叶子。给古堡留下的阴郁印象中添加了一抹亮丽色彩。

本想去格拉奇修道院参观达芬奇的作品《最后的晚餐》，可是到那里已经晚了，买不到门票，只好懊丧地往回走。去看圣母无原罪之花和圣玛丽亚教堂，这里面也有一幅《最后的晚餐》，但不是原作。我们还参观了代表意大利音乐和艺术传统的斯卡拉歌剧院。走进贵族包厢，往下看舞台，似乎自己也当了一回贵族。整个剧场雅丽幽艳，舞台和座位都是圆的。这歌剧院里还展出了一些艺术家的照片和服装。还有中国的一套戏服呢，大家都感觉很亲切，努力辨认上面的文字，似乎想找到什么。

以前常把摩纳哥与墨西哥混读，在摩纳哥走了一回后才知道这国家是世界上最小的国家之一。在这袖珍国中的蒙特卡罗赌城风光如画，面对海，背依山，干净美丽。据说来这里洗黑钱的人很多，这里有许多国家的银行。蒙特卡罗赌场很大，里面大赌小赌都有。第一次进赌场看见赌博机，很好奇，蠢蠢欲试。每人用50法郎换了50个硬币去玩老虎机。我从没玩过，不知怎么操纵，先观察别人是怎样玩的。旁边的"老虎机"红灯亮了，玩着的人走了，我接上去，刚投币它就吐钱，再投币又吐钱，还投币还出钱。我高兴得要命，把百钧叫过来连他剩下的两个硬币也投进去，结果赢了81法郎。整团人我赢得最多。原来赌，确实有控制人情绪的魔力。这赌，也能看出人生百态。

据说法国尼斯是全欧洲最具有魅力的度假胜地，被称为"黄金海岸"。它三面环山，冬暖夏凉，城市中许多街头巷尾都装饰着各种鲜花，来到这里恍如走进童话世界。这里的海水很蓝，光与影、海岸与天空，令人心旷神怡，悠长的沙滩上有很多半裸体的男女老少在晒太阳。他们旁若无人，有坐有躺，有的四处张望，有的闭目养神，有的漫步，有的嬉闹。听杨导说，他们晒得越黑就代表越有钱，因为只有有钱才去旅游，只有旅游才会晒黑，逗得我们哈哈大笑。

在这片熙熙攘攘的沙滩上，有位女孩与众不同。她坐在椅子上安静地看书，阳光透过草帽将她的脸颊晒得通红。对旁边的喧闹她全然不理，那么专心，那么悠闲，仿佛置身世外桃源，真像一幅绝美的油画。我们举起相机不停地拍照，想把这座被称为懒人城、闲人城、老人城、无聊城的城市全拍下来。

在这里我们吃了一顿法国大餐，很有意思。先上来的是一盘生的菜和面包，心想法国人饭量怎么那么小。后来又上了每人一盘牛仔肉或羊肉，还有面条，最后还来个甜食，很有人情味。让大家都撑得饱饱的。

还有一次有趣的吃饭经历是在去瑞士的途中，快餐店里面人头涌动，我们看见有空座位就忙着去占。来了两位老太太捧着食物指指点点，听不懂她俩说什么，只以为是说年纪大要我们让位给她们坐。原来，这里的人不会先占位，你取了食物付了钱自然就有位，我们应该入乡随俗。

一路上的风景很美。斜斜的草坡，黑白相间的奶牛，还有一栋栋红房子和蓝蓝的山丘、绿树、白云，就像一幅幅不断变幻的风景画呈现在我们眼前。到了日内瓦，这是座美丽的现代化大都市，国际红十字会总部就建在这里，联合国欧洲本部也在这里从事着改写现代历史的工作。听说这名副其实的“花都”以美不胜收的花卉展览闻名于世。我们参观了日内瓦湖和花钟公园。“花钟”用鲜花砌成，转动的时针警示人们珍惜时间。

瑞士的琉森市，被称为“蜜月之乡”。漫步在优美的琉森湖畔，看着天鹅在如水晶般莹澈眩目的湖水里嬉戏，享受着田园诗一样的宁静，这一切让我们陶醉。百钧不断地提醒我，记住这一切如梦般的感受。这里的“教堂桥”是一座有顶盖的古老木桥，桥的顶面，镶绘有120幅古画，画中描写的大多是圣经故事，非常精彩。

接着，我们去了苏黎世，它是瑞士的经济中心。我们在两座基督教堂里，做了祈祷拍了照。出来后，沿着苏黎世湖畔慢慢散步，不时停下来坐在湖边欣赏风景，很浪漫也惬意。每天不停歇的旅游虽然很累，但精神却很放松。在家时，百钧脑子里整天想的都是画，出外旅游就全放开了。晚上住的希尔顿饭店的设计很特别。我们住在一楼，但必须先乘电梯上三楼后走过一段挂满画的长廊，再乘电梯下一楼，直接在大堂是去不了一楼的。

位于欧洲中部的奥地利风光旖旎，非常美丽，我们参观了因斯布鲁克城的黄金屋。那屋顶不大，一个坡面斜下，金灿灿的非常耀眼。我们还参观了贺夫堡皇宫和莫扎特的故居萨尔茨堡。听说，奥地利不但保留了一批宏伟壮丽的教堂和宫殿，更培育了一批音乐和文学大师，给世界留下了巨大的精神财富。

维也纳也是我一直梦寐以求想去的地方，此行，感受到“音乐之都”的美誉。这里依山傍水，景色秀丽。满眼都是植物、山水谱成的抒情曲，难怪是作曲家的摇篮。

在维也纳艺术史美术馆，有拉斐尔的作品《草地上的圣母》和提香的《雅各布·斯特拉达像》。百钧在这两幅作品前看了很久。画中拉斐尔用正三角形构图，由两个可爱的小孩构成另一个小三角形，这种连环三角形的构图，令百钧折服，不断点头称赞大师高超的艺术技巧。提香的肖像画中，人物的面部表情、手势、皮毛披肩的轻妙笔触令百钧赞叹不已，他感觉油画构图和笔法与中国画的工笔画法有异曲同工之美，可以吸收与借鉴。

新艺术建筑风格的分离派美术馆外表很华丽，充满活力。听说19世纪以来，一批维也纳艺术家离开了保守的学院派，成立了分离派。他们的口号是“时代的艺术，自由的艺术”。可是，馆里陈列的作品很少，我们有点失望。

维也纳美术史博物馆里面的藏品很精彩，我们花了290先令买了《勃鲁盖尔画集》。我们还去了昔日茜茜公主的夏宫，参观巴洛克式的美泉宫里华丽的房间，在迷宫似的花园里散步。在维也纳的林格大街，我们观看了国立歌剧院的外景和哥特式建筑风格的圣史蒂芬大教堂。教堂内藏有大量的艺术珍品。这古老的天主教堂很大，它的外墙好像火烧过似的。我们瞻仰了斯特劳斯拉小提琴的全身铜像，感受这艺术之乡的氛围。这里的艺术氛围很浓，连草坪也修剪成音符状。

慕尼黑是德国的第三大城市，四周围绕着森林和多座教堂，被称为“超级村庄”。我们参观了慕尼黑美术馆，该馆分新、旧两馆，和现代美术馆相邻。这里收藏的艺术品从中世纪到当代，其中有凡高的《向日葵》，塞尚的《植物》，高更的《塔希提岛》等作品，色彩丰富而含蓄，手法精细而潇洒。在这些画前不禁感叹，世界大师的美誉名不虚传。以前，油画给我的感觉不过是色彩浓烈，立体感强而已。今天看到的油画却感觉高雅而有韵味，很震撼。更为大师们为人类留下如此精美的艺术作品而深深感动。但愿百钧也能为我们的祖国和民族留下更多的精品。

离开斯图加特市后到了海德堡市，这里有神秘的古堡和美丽的传说。我们和一群当地的小学生在桥头上的狒狒雕塑前拍照。然后沿着青石板铺成的坡道上古堡。路很陡，穿高跟鞋的游客只能把鞋脱了光着脚走。然而大家还是走着、说着、笑着，一路兴致勃勃地欣赏美丽的风景。古堡似曾相识，跟电影里中世纪的建筑类似，幽深、沧桑。从城墙眼往下看，海德堡市旖旎的风光尽收眼底。古堡里有两只大酒桶，酒桶横置着的高度要爬上楼梯才能摸着，它的直径大到张开双臂也摸不到边。古堡的地是青石板砖砌成，古堡的后面残垣断壁很有残缺美。站在这些记录着岁月留痕的古堡中，仿佛能读到它几百年来曾发生过的故事。

早就听闻德国刀有名，我们花了37马克买了小刀。接着去法兰克福参观罗马贝勒广场和圣当母大教堂，买了三本书作留念。这城市中一尊造型很美的领带雕塑吸引了我们，接着在马路上又看见一根很长的针，大针眼连着一根线，突然发现那线头出现在对面马路上还打了个结。太美妙了，我们称它为“穿针引线”，把马路给穿起来了。这些造型简洁大方，意义含蓄深奥的雕塑，给我们留下了深刻印象。

科隆市的科隆大教堂是德国最大的教堂，也是世界最高的教堂之一，以轻盈雅致著称。双尖塔直插云霄，杨导说两边尖顶不一样高，我们左看右看，确实感觉不一样高，不知是错觉还是心理作用。它的四周还林立着无数小尖塔与之呼应。教堂内的石雕很精美，四壁上有玻璃镶嵌的《圣经》故事，阳光反射下金光四射，多姿多彩。我们还参观了美术馆，里面有几张毕加索的画，还有装置艺术。

伦勃朗故居在荷兰的阿姆斯特丹市，故居不显眼，只有一幅伦勃朗头像挂在门口，下面是个醒目的门牌号。

阿姆斯特丹的风车村很有特点，高高的大风车张开双臂迎接四方来客。村里每座房子前都有一大片草地，配上色彩鲜艳的房子，非常好看。因为这里是水城，湿草地多，所以人们劳作时都要穿木屐。木屐也是这里的特点之一。在木屐厂，大大小小的木屐很多，我们买了小木屐作留念。

阿姆斯特丹地势低于海平面。这座水城河网交错，河道纵横，我们坐游船沿着市区的运河走了一圈，整个市区风景尽收眼底。

国家美术馆，伦勃朗巅峰时期的作品几乎都收藏于此。作品《夜巡》画得非常精彩，打破了人物场景画平列构图的惯例，展现的每个人物有主次之别。据说，当年这幅画画的是白天的情景，时间一长颜料起了变化变得越来越暗，像夜景了。

梵高博物馆，存有200多件梵高的作品，还有莫奈、高更的作品。刚看梵高的画时，感觉没伦勃朗的画严谨细腻。看多了，发现他俩的手法截然不同，伦勃朗善以概括的手法表现人物的性格特征，擅长用聚光及透明阴影突出主题，善于表现物体的质感；梵高的色彩明朗微妙，以跃动的笔触、凸出的色块，表达主观的感受。两位大师让人敬佩。

千年历史古城比利时首都布鲁塞尔市区呈五角形，因为是星期一，所有博物馆和美术馆都休息，只好去逛街了。市中心的大广场里有座小于连撒尿雕像，雕像只有50厘米高，据说这尊“一泡尿拯救一座城”的雕塑来源有几种版本的传说和故事。所以这雕塑大名又叫“布鲁塞尔第一公民”像。

离开比利时的途中，我们看见九个巨大的金属圆球用粗大的钢管相连，耸立在万绿丛中，名为“原子球”，是为1958年世界博览会所设计的标志建筑。

卢森堡的大峡谷是著名的风景区之一。因时间关系，我们没走下峡谷，只是从宪法广场上面往下看，只见峡谷里古木参天，郁郁葱葱。宪法广场里的纪念碑有12米高，上面是胜利女神像，下面一位士兵在不停地来回操正步并做持枪、放下等动作，惹来许多游客照相。广场斜对面是卢森堡圣母院。在圣母院前，我们看见一对新人的婚礼很特别，用一张大红纸剪成一个空心状，新郎拉着新娘在人们的欢呼声和掌声中一块钻过空心。我和百钧为之感动。

接着，我们参观了雨果故居纪念馆。这栋三层小楼环境优雅安静，墙上挂着雨果绘画的《卢森堡风景》。二楼是卧室，里面有雨果睡过的木床、用过的写字台、坐过的木制扶手椅。看见眼前一切，不禁想起在农村时读过的雨果作品《悲惨世界》和《巴黎圣母院》。敬意更是油然而生。

站在仰慕已久的法国卢浮宫里，心里很激动。不仅因为它是世界上最大的艺术博物馆，更为出入口处的玻璃金字塔的设计者贝聿铭先生是华人而感到自豪。卢浮宫很大，地上、地下各两层，大金字塔是进入卢浮宫的主要入口，在东、南、北面各有一个小金字塔。里面的精品很多，如《维纳斯像》《胜利女神像》《蒙娜丽莎的微笑》《被绑的奴隶》，等等。百钧很激动，拉着我足足看了一整天，还不时给我讲解，两条腿可累得够呛。我们不停地走，但还是有些出土文物和家具展没看完。卢浮宫的管理很人性化，持当天门票可以随便进出，我们就是出去吃完了午餐再进去参观的。要离开时依依不舍，花了160法郎买了本中文版的《卢浮宫——欧洲绘画》。

奥赛博物馆位于巴黎塞纳河畔，面积大，藏品也多，收藏的都是近代美术作品。比如，莫奈的作品《日出·印象》，这幅画是用“零乱”的笔触大胆地展示雾气交融的景象，曾遭到学院派的攻击。评论家们戏称为“印象派绘画”，从而使“印象派”这一名称正式出现。博物馆里，还有马奈的著名作品《吹笛子的少年》，这幅画采用单纯化的平涂法，不亚于中国画的留白效果。还看了德加的《舞蹈教室》《舞台上的舞女》等作品。出来后，我们登上埃菲尔铁塔，观看了巴黎全景，还参观了凡尔赛皇宫。

2000年，在巴黎圣母院

2000年，在法国小凯旋门

枫丹白露宫是法国最大的王宫之一，位于法兰西岛地区广阔的森林中心，风景绮丽。导游说“踏踏皇宫的地毯有福气”，结果参观时百钧不但踏地毯，还跨越缆绳走入禁地，触响警铃。保安冲过来，吓得我们赶快逃跑。要是给抓住了，不懂法语那可是有口说不清啊，麻烦可就大了。

枫丹白露宫有四座不同时代各具特色的花园。在浓郁苍翠的森林里漫步，感觉很安闲，非常舒服。走来几位新西兰的游客，打着手势要和我们合影。真奇怪，一直以为中国人对“鬼佬”好奇，没想到“鬼佬”也把我们当外星人。枫丹白露镇的街道很干净，人迹稀少，也没高大的建筑物，很宁静。要能在这里过日子，简直是人间天堂。

法国首都巴黎是世界十大名城之一。它既保留了不少世界闻名的历史遗迹，又有许多宏伟壮丽的现代建筑。听说巴黎是从圣母院发展起来的。久负盛名的巴黎圣母院庄严华丽、幽深肃穆，外屋顶呈圆形，与我们这次在欧洲所见的尖顶教堂不同，正立面的一对钟塔之间是一个巨大的圆形玫瑰窗，独特的造型吸引了无数游客。据说，这圣母院本来也要建尖顶的，只是后来没钱建了，只好改建圆顶。我想这是句玩笑话吧。

蓬皮杜艺术中心位于巴黎著名的拉丁区北侧塞纳河右岸。里面有毕加索的雕塑，非常精彩。毕加索运用符号揭示生命，创造性地探寻自然。留下最深印象的是三个女人雕塑，分别以左眼跟右眼高低不同、两眼大小不一样、正常双眼雕刻。很感慨，把世人世事刻画得入木三分。在日常生活中，确有高低眼视人，大小眼看人者，有多少正眼待人呢？观后，我和百钧聊了很久，一致认为无论何时何地都要善待他人。

被美丽花园围绕着的罗丹博物馆也非常精彩。如作品《地狱之门》《沉思》《吻》等，有力度，有美感，更有情感。大多数雕塑放在露天的花园里，艺术的造型和大自然结合得天衣无缝，让人流连忘返。

临别巴黎前，我们浏览了巴黎的新区新凯旋门。这里全是很有现代气息的新建筑，风格各异，很有气派，非常壮观。与巴黎旧城的建筑是两种风格，对比鲜明，各显风采。巴黎的领导层，真有远见，既保留了古老的巴黎城，又建造了一个新时代的新巴黎城。一个高高的大门被称为新凯旋门，跟远方的旧凯旋门成一直线，站在那里可以两门相望。“别去旧门跨新门，遥遥高歌望凯旋。”

从巴黎坐火车前往英国，不懂英语坐错位子闹出笑话，狼狈不堪。途中通过长长的海底隧道足足花了20分钟，黑乎乎的。我想，这该是目前世界最长的一条海底隧道了吧。到了伦敦，蒙蒙细雨带来丝丝凉意。接待我们的中年女导游长相怪怪的，半闭的眼睛似乎难以睁开，开心的她一路说笑领着我们走过伊丽莎白塔大本钟、唐宁街十号，用广州话音一一介绍。对这些有着悠久历史的文物与传说，我了解不多，听着也饶有兴味。英国伦敦的大街上行人很多，热闹非凡，不亚于广州的上下九街马路。

我们参观了白金汉宫，这里是王室生活和工作的地方，里面金碧辉煌。墙壁上挂满了王室收藏的艺术精品。

我们还参观了特纳当代艺术博物馆、维多利亚与阿尔博特博物馆和大英博物馆。这里的博物馆全免票，而且精美的艺术品很多。特别是世界上历史最悠久、规模最宏伟的大英博物馆，占地面积大得离谱，这座庞大的古罗马建筑里珍藏的文物和图书资料在当时是世界上任何一家博物馆所无与伦比的。

旅行的乐趣伴着未知的遭遇。在大英博物馆里，我们观看完出土的木乃伊和亚洲馆后，不知不觉和大家走散了。走进地下的展览厅里，除了素描展外，还有很多埃及浮雕及罗马出土的石雕、中国敦煌壁画和日本画等。快到集合时间了，我俩却迷了方向找不到出口，乱走乱撞，竟然走到正门。可我们应该是在侧门集中上车，这正门和侧门之间不知相隔多远，说不准隔着几条街呢。这下百钧急了，拿着导游图问工作人员。我们不懂英语很难沟通，我不停地打手势，但那些人只会摇头，根本无法沟通。只好疯似急走，绕来转去又回到原地。突然想起我们是坐电梯下的，马上乘电梯而上，终于找到出口。匆匆忙忙上了车，这时瓢泼大雨从天而降。

要离开英国回国了，我们有点依依不舍。坐车再次浏览塔桥、圣保罗大教堂、西敏寺后，就匆匆赶往机场。飞机先到泰国曼谷，再转飞回广州。欧洲旅行结束了，我们共游历了十一个国家二十二座城市，每到一个地方我都写下所见所闻，今天搬字过纸仿佛又重游欧洲，当日的兴致再度涌上心头。

2. 辞瀚遨游

2.1 及之而后知，催梦到京华

儿子要高考了，我也跟着紧张起来，每天想着应该煮什么汤、补充什么营养，忙得不亦乐乎。不巧的是，我们楼前建地铁，经常放炮爆破，很是吵闹。为了安静点，儿子经常躲到房子中间的洗手间里关门复习。有一次，他捂着鼻子突然冲出来，说楼上有人大便，臭气从马桶涌出来好难受。真难为他了，我也跟着心疼。

虽然一直以来儿子的专业和文化课成绩都不错，但我们还是揪心。开考了，绘画专业全省统考，也就是全省考卷放在一起评分，很容易漏评（以前是各校出考题各自评分）。成绩评出时，儿子的名字在电脑里第一个蹦出，专业考了全省第一。我们为他高兴，而他却想报考外省，中央美术学院和中国美术学院成了他的目标。文化科目考试那几天下大雨，我们没送儿子去赶考，他自己打车去考场。他已经长大了，应该独立面对考验，面对人生。我在心底默默祝他考试顺利！

考试分数出来那天，儿子很紧张，十年寒窗，路在何方？儿子怕自己考得不理想，不敢查分。我拨通电话不敢相信自己的耳朵，连听三遍，报出的总分数是764分，连忙叫百钧和儿子又各查听一遍。才相信儿子确实考了高分，我们欢呼，一直悬着的心才放下。

儿子最终考上了中国美术学院国画系，读的是人物专业。我们为即将离开家自己赴杭州读书的儿子打点行装，真有点"慈母手中线，游子身上衣"的感觉。开学时，百钧因工作无法脱身，我送儿子到杭州。当时中国美术学院的主校正在重建，分校设在滨江区，儿子将在这里学习两年后才能搬回西湖边的主校区。滨江区的大环境还不错，校园依傍钱塘江边，每天可以看潮涨潮落。潮涨时如万马奔腾，潮落时隐声消迹，非常壮观。只是六人同住的宿舍太小了，还有人抽烟。一看这样的住宿环境，我想儿子肯定会睡不好，影响学习。为了保障儿子的睡眠，我在校外为他另租房住。

2001年，一家人游杭州西湖

我从杭州回来后，中央美术学院国画系再次邀请百钧去兼任花鸟课程班教学。其间，百钧再次举办个人画展，并得到一致好评。国画系为他联系工作调动事宜，但进京指标控制很严格，而且百钧已超过五十岁了，阻力很大，经学院再三讨论决定，以重点人才引进为理由争取指标。一番努力后，2002年经教育部、公安部批准，百钧调到中央美术学院国画系工作。接到调令后，我和百钧却木讷了，明知道中央美术学院是美术界最高学府，而且只有一席之位的工笔花鸟教师，多少人渴求啊。之前，我们也期望能调到天子脚下的皇城工作。百钧父亲生前也常说“求名在京”，但梦想成真时却犹豫了……

毕竟已是五十岁的人了，生活环境、气候、饮食习惯等能适应吗？两个人孤零零地北漂，没亲戚，没朋友，只能四目相对，喃喃自语。在广州美术学院，我们的生活已经很优越，去北京后一切要重来，房子要买、家具要置，连碗筷瓢锅、拖把、枕头都要添，手头的钱够花吗？而且我们的身体能承受吗？躺在床上左思右想，这一个个问题扰得我们难以入眠，一个星期后，我们的体重都轻了十斤。

终于想通了，我们有过春风得意，也经历了不少忧患。一步一个脚印地走，真不容易。在农村时的生活那么艰苦我们都熬过来了，现在要经历适应北方生活习惯的挑战，我们下定决心，要继续往前走。大不了就重新再来，尝试了，就是恬淡余生，也是件美事。“雄关漫道真如铁，而今迈步从头越”，想通后，百钧拉着我去见广州美术学院的几位院长表明要调走的意愿。院长们开会研究，一拖又过了大半年。

其间，百钧画了一批生动的白描稿。白描是工笔画中最直接表现对象的形式，白描的表现手法虽然单纯，却能拓展无限的表现空间。用单纯的白描线条直接表现大自然的物象，既要再现各种形象，又要从无形体中上升，构成强有力的各种形态轨迹，有动感又持恒。白描里的线条宛如生命液汁在搏动，每条线充满着灵动、纯洁、静穆之感。江西美术出版社出版了《苏百钧・白描花鸟》画集，并邀我们送稿时到江西、安徽一游。福建美术出版社和岭南美术出版社也分别出版了画集《苏百钧——田园情思》《追忆的故园——苏百钧》。

2002年，在西递村

在庐山三叠泉

在江西南昌，我们参观了八大山人故居、滕王阁、黄宾虹第二故居，还游览了庐山、景德镇、黄山、宏村、西递村、千岛湖等地，并到杭州探望苏睿，参观中国美术学院。百钧很感慨：艺术的发展不是单凭个人天赋和个人奋斗，而是要通过一代又一代艺术家的不断努力、民族文化积淀和绘画观念的渐变、演进，承前启后才有所作为。

这两年，百钧创作了《秋韵之二》《圆寂之二》《秋荷》《谧·花间之二》《田间》《秋桐》《追忆的故园之二》等，

《秋荷》 148cm×183cm 绢本 2006年

并获“首届重彩画大展”学术奖，“第五届当代工笔画大展”学术奖。我问他《追忆的故园》为何又重画，他说：“画画要有自身的价值，不单纯在于对事物的如实描写，要画出对事物的认识和观念。第一幅《追忆的故园》中，只是如实描写而艺术升华不足，没能尽情达到触目惊心的‘成片倒伏’效果。第二幅采用横构图，对台风灾后的损害表达得更强烈，成片蕉林的摧毁，让无家可归的白鹭更有不知何去何从的无措和茫然感。然而，倒下的芭蕉林下又生长出一棵棵新苗，这是大自然的生生不息。”该画采用东方绘画的平面处理手法，在单纯中求丰富，利用白鹭的“白”与芭蕉即将枯萎的“黄”和破土而出的幼苗“绿”形成对比，造成一种超时空的感觉，使画面有含蓄的虚实、缓急的节奏感。自然因素与意象的有机组合，可谓“不拘一格，独出心裁”。看此画，深切感悟到脱胎于泥土下的纯朴灵魂与生命的顽强不息。百钧以一种超然豁达的情感去体悟万物，从而使作品焕发出生命的力量。

到北京后，北方秋高气爽的景致深深地吸引了在南方长大的百钧。高壮的泡桐树从抽枝、发芽到结果、落叶，百钧细致观察，三易其稿，在造型上谨慎地选取“桐果”形态，把最有特点的对象作为主体，创作了《秋桐》。画面采用开合呼应、疏密聚散格法，并以“撞水撞粉”等技法表现。艺术与生活的移情审美方式在画中留下广阔的空间。

2003年3月，我的十二姨妈——百钧母亲去世，终年八十七岁。看着她老人家的遗体，我泪流不止，浮尘往事不断涌出，一月前我喂她吃中药，她流着眼泪顺从地喝下；一年前我买榴莲给她，她吃得津津有味；十年前她劝我为了家庭辞去工作；二十年前她带我们去吃蛇羹；三十年前她怜惜我们迁居农村……那一幕幕，在我眼前不断闪过，今日她似知道我们要赴征途，为免我们牵挂，先离尘间。泪水难止，哀哀思痛。

10月，我和百钧前往北京办理调动手续。离开了百钧出生的广州花地，来到中央美术学院所在地花家地生活、工作，似乎冥冥中注定百钧生来就是与“花地”有缘。学院给我们一套

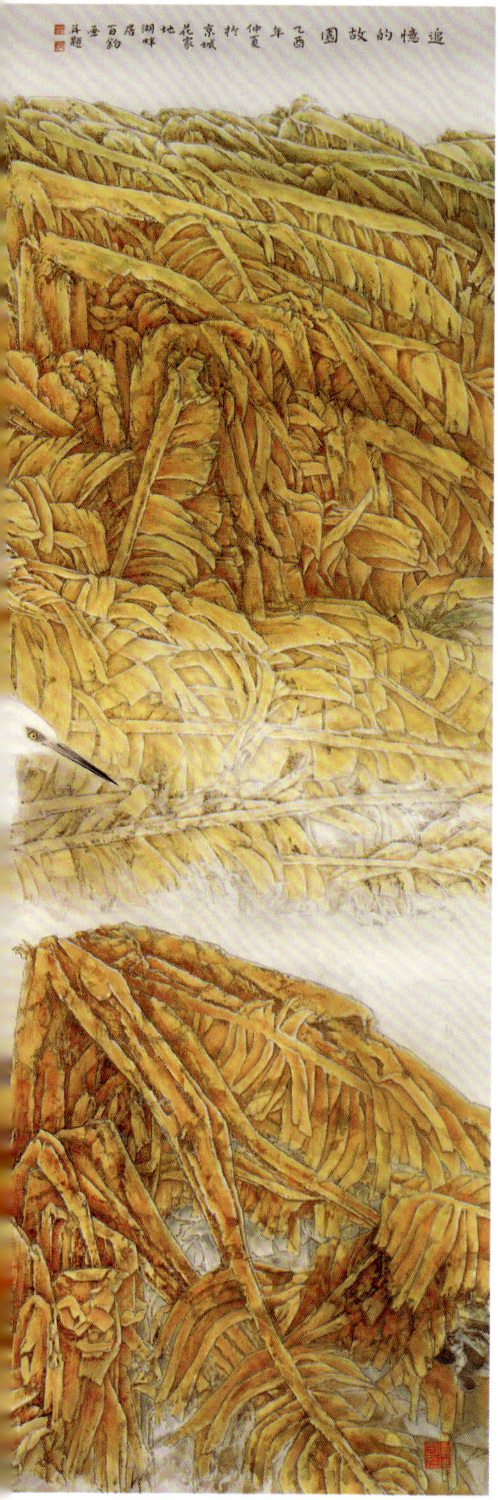

《追忆的故园》 148cm×178cm 绢本 2005年 获第五届重彩岩彩画展金奖

50平方米的房子暂住（也在花家地），虽说勉强够用，但要画画就没地方了。我们商量，既然来北京了，先把衣食住行安排好，要平稳“着陆”，生活环境不能比广州差，一定要先把住房定下来，才能安心画画。

我和百钧天天去找房子，看样板房，也有意见分歧，百钧想找跃层挑空，有高度的，能挂大画。我认为一定要找离单位近的，碰上刮风下雪也能走路上班。寻寻觅觅终于看上离学院不远的“湖畔雅居”，小区里有人工湖，房子前后有小鱼池，有点水气，起码感觉没那么干燥。但价格高，我们带的钱不够，迟了怕看中的房子被卖掉。百钧鼓足勇气打电话回广州跟他的老同学杨哥说其中尴尬，杨哥二话没说，也没写借条就汇来巨款，太令我们感动了。难得朋友在我们最需要帮助的时候伸出援手。房子定下来时也快过年了，我们便回广州收拾行装。

2004年，是我们跟我母亲过的最后一个年，年三十我依然像往年那样为妈妈守岁（小时候，每到年三十妈妈就对我们说，过了十二点才睡，家中父母才能长寿。）看着妈妈酣然的呼吸，丝丝哀伤。风烛残年满头白发的老妈妈一点不知

《田间》 185cm×150cm 绢本 2003年

《秋桐》 218cm × 148cm　绢本　2013年

我们夫妇与杨哥

道我们即将北上，怕她知道了感觉没依靠而伤心，所以没告诉她。我多想能背着她，像她当年带着我们那样，走南闯北，可是已经八十四岁脚腿不灵的老妈妈能经得起颠簸吗？这在我日后的心中刻下了沉痛的一刀。是难？是苦？是痛？是哀？

2.2 路漫漫其修远，上下而求索

过年后要开学了，我们告别父母、亲人、朋友，离开广州，开始了在北京的生活。百钧说，人，最快乐的就是在期盼中生活，等待是一种享受。我倒觉得，人，最快乐的是所盼望所等待的事得以实现，成功的享受才是快乐。尽管有所不同，但目的还是相同——追求，是永恒的目标。这没止境的目标，在我们的生活中起着主导作用，从不敢怠慢。儿子说我们活得太累，可我们却觉得快乐、有意义。因为百钧的人生观是——追求的过程是一种快乐。我盲目地跟着他转，到成功的时候我才感觉快乐，之前我可是忧心忡忡。这可能也是我俩最大的差异，或许也是男女之间的不同吧。

忙乎了两个多月后，房子终于装修好，宽敞的房子很舒服。百钧先后创作了《冬种之二》《芦塘秋鹭图》《雨霁之

二》《荷塘》等作品。《冬种之二》是以第一幅《冬种》构图为基础，去繁就简，把箩筐、小鸟、鸭子去掉。两张《冬种》各有所长，第一张《冬种》中运用泼彩等“不逾矩”的技法绘画，其中毛绒绒的豆荚和满构图的形式，使拥挤的画面热闹非凡，表现了田园丰收的生活实景。第二幅《冬种》中，线条明快简练，更突出“椰菜”的形式美和静谧感。从“简”中寻求丰富，塑造静美。突出“静故了群动，空故纳万景”的意境与“此中有真意，欲辩已忘言”的空境。

《冬种之二》 147cm×184cm 绢本 2004年

《芦塘秋鹭图》，萧瑟的芦塘留下了无情岁月流逝的痕迹，塘底的化石，是苍古的见证，是时空变换中寂寥宇宙的永恒存在。飘零摇曳的芦草，去掉了昔日的郁郁葱葱，孤单的鹭在寻觅……艺术源于自然，以自然为原型化为延绵不绝、生生不息的生命符号。

这年，河北教育出版社出版了《名家艺术观——苏百钧教学篇》《名家艺术观——苏百钧创作篇》（该书被教育部批准为“高等教育‘十一五’国家级规划教材”）。

9月，我和百钧去山东青州和青岛旅游。青岛很美丽，只可惜我们没时间上崂山。11月，百钧回广州参加“丹青岁月十二人画展”，该画展是他的两位导师和同门师兄弟们共十二人一起合展。效果不错，还出了画集。

“金龟”“胖胖”“老嘢”三只宝贝乌龟先后随我们来北京了，“老嘢”刚来时水土不服，四肢裂开小口，给它吃了“金施尔康”后好了。我们在阳台上为宠物们做了小房，并装上暖气，希望它们也爱上北京。我喜欢看乌龟进食，更喜欢看它们优哉游哉地晒太阳。“金龟”经常把盛水的不锈钢盆当作镜子，对着“镜子”中的自己，左看右瞧，还不停地跟自己的影子“亲嘴”。“肥肥”不爱泡水澡了，老呆在它的房里。“老嘢”依然神醉情驰于“肥肥”，步履蹒跚地追随着它的所爱，浅唱着一曲婉约多年的恋歌。看着此景，感慨万千，陪伴我们近三十年的“老嘢”开始老了，却有始有终，无怨无悔。在北京，我又买了只小线龟，“老嘢”跟它像有仇似的，每见它就追着咬，不让它进食，不能友好相处，这真不该是“老嘢”的本性。

2005年，儿子以优异的成绩考上中央美术学院研究生，攻读中国工笔人物画硕士学位，而且还是公费。他从杭州到北京，一家人又聚在一起，可房子还是小了些，他只能在饭厅画画。不知道是儿子长大了有个性了，还是因为他离家四年，我们很多见解不一样，经常发生磨擦，令我很苦恼。经过一段时间的磨合后，才慢慢好了。这让我意识到，儿子所想不一定是你的所愿，你的意愿儿子也不一定听从。这也许就是人们常说的代沟吧。

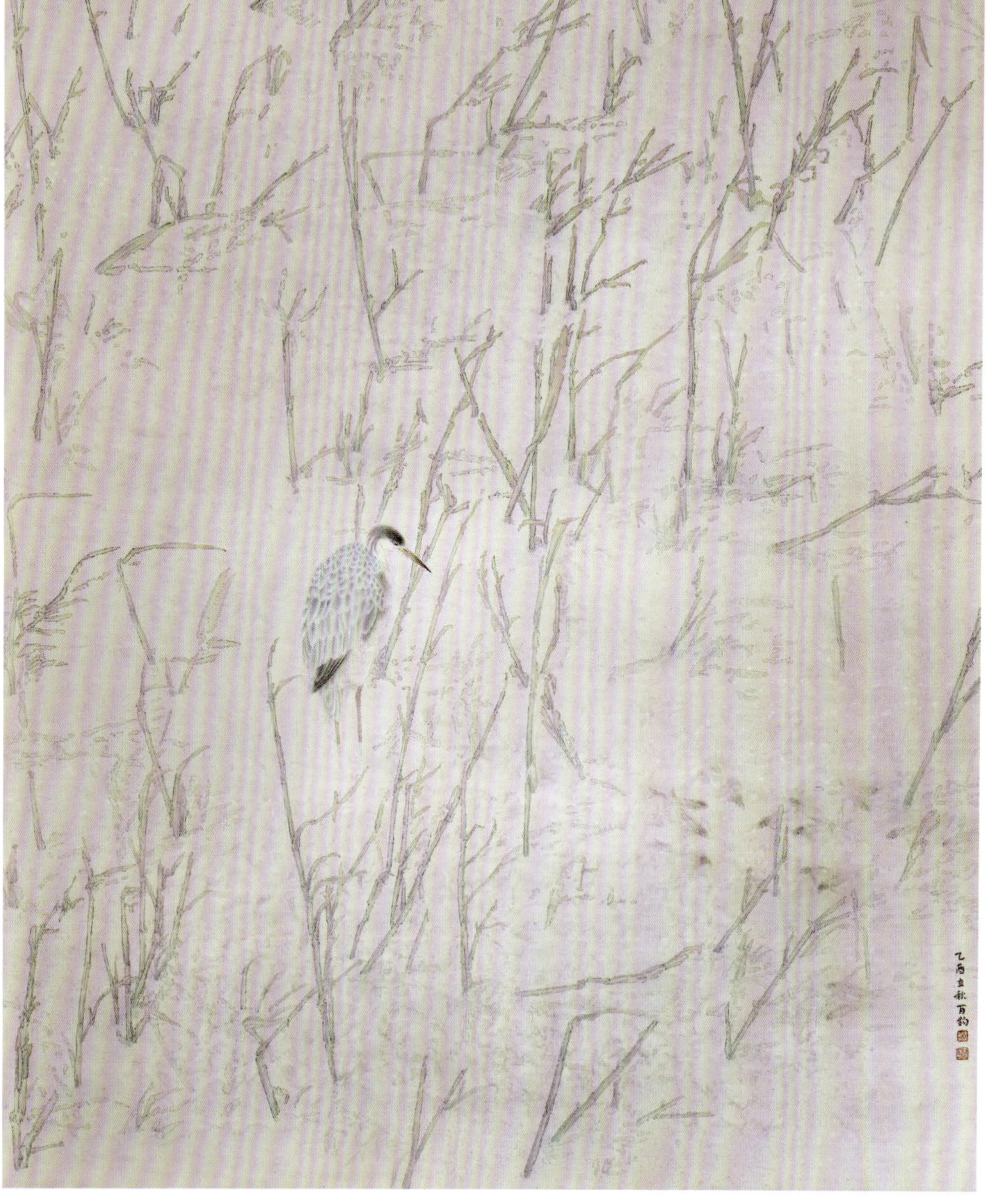

《芦塘秋鹭图》 218cm×147cm 绢本 2005年

《雨霁》 148cm×183cm 绢本 2004年 第十届全国美展入选作品

儿子不知为啥迷上了昆剧，欣赏剧中的唱腔和演员的投足甩袖。这下我可着急了，担心他玩世不恭变成纨绔弟子。他还买了票，让我们也去欣赏。百钧因势利导说：中国画和昆剧都是传统艺术，《牡丹亭》的青春版是传统昆剧的延续。中国画和昆剧可以结合一齐来研究，但要适合教学。昆剧和中国画的共同点，都是师承关系，昆剧水袖的韵味与中国画的兰花笔法有相同之处。昆剧词曲缠绵婉转，演员身段优美，投足举止与中国画的笔墨线条、笔墨顿挫，都有异曲同工之美。以前，父亲和老一辈画家都与舞台艺人来往密切，现在想来有一定道理，之间可以互相借鉴。中国画讲究入门法度，很严谨，比如入门学的《芥子园》，画梅的四贵：贵稀不贵繁，贵瘦不贵肥，贵老不贵嫩，贵含（含苞）不贵开等，与昆剧中的起手程式可以相互借鉴。但是现实中，中国画和昆剧在艺术舞台上所占的分量都很轻。我们要不断努力振兴传统文化。百钧一席话也教育了我。

百钧还说："理智要尽可能地紧跟在艺术本能的后面，要有危机感。中国画现在重提传统。在国外，印象派之后，各流派相继出现。如果我们否定前人优良的传统，那么等于是自身的解体，就像一棵大树在延伸中同时出现另类细胞对自身的一种消耗。所以它的传统艺术在消失。其实，一切按要延伸的法度去做就行了。反思我们走过来的路就是这样的。要借鉴别人的色彩，借鉴不是替代，而是要不断反思自己，天生就不是对色彩特别敏锐，特别有感觉，所以要慢慢提高修养，你现在也应慢慢一步一步提高。""在创作的路途上，要胜于他人，一定要有自身的判断力，判断准确是成功的一半，决定成败。""你一定要自悟，同学画什么你就画什么，互相比拼，那大家都死。你一定要出奇招，奇招拿出来能让人吃惊，无懈可击，那才是棒。""有些人说中国画 '无色彩'，不管谁画的，都感觉没色彩。与油画比那当然无法比，中国画是我们国家本土的一种艺术。很多人都提出要加强中国传统，什么是中国传统，有人说笔墨是传统，有人说平面处理是传统，都是表面的东西。传统是自成体系，中国美术学院的传统已成体系。你在国美时所学的知识不要丢了，不要个个去拍照片，按照片一味模仿。去玩呀玩，玩两年后什么都不是。你可以玩几张色彩，但要先画几张色彩小稿，包括笔墨结构的摆设，在电脑、在小图上搞好后再上大画，不要浪费太多精力。你素描好，那些素描稿，你要好好保存，自己定好尺寸，全部缩成容易表现的统一尺寸，勾成白描，再出书办展览。到时将白描、线描与原作素描和白描书放在一起展览。这功夫要马上做，在研究生期间到毕业几年里都去做，解决这个问题，是为你那棵大树的根基达到很深境界打基础。按你所学的基础知识反思一段时间，再拿笔勾画，就会有质的飞跃。”百钧经常在饭桌上有意无意地教育儿子。

来北京后，百钧感觉艺术的构成不是单纯地模仿自然，而是要像自然那样有它自己的元素。他感觉《绣球》《晌午》这

《晌午·韵语之二》 148cm × 183cm 绢本 2001年

《姜花》 148cm × 183cm 绢本 2007年

两幅画可以画得更理想，删繁就简，用更艺术的感觉去构图，便重画了。

《姜花》稿的构思，源于广东省委邀请我们去罗浮山采风，在深山里梅花村的鱼塘边，一片姜花引起了百钧的画意。风过花香，群鸟飞掠，身心的愉悦掀起对昔日故园的怀念，意境由此萌生。沉思默想后，他把这自然的情景重新演绎于画面。此画运用远观近察，相互结合，将水墨、白描、色彩等不易协调的技法融为一体。该画以绿色为主调，运用补色关系来协调画面和丰富色调，在不完全相同的色调中突出微妙变化。最前面略倾斜的叶子让人感觉微风掠过的动感，后面茂盛的叶子生生不息，轻盈的姜花鲜嫩欲滴，群鸟飞掠加强了喜悦的意趣，流露出作者真挚的情感。作品注重自然与心灵感悟的互通，构成灵动和谐的画面。

2005年10月，百钧在中央美术学院的展览馆举办“苏百钧工笔花鸟”个人画展，向同行们汇报到北京这段时间的部分新作。画展开幕时，学院的几位院长，国画系的领导、老师和学生们都来了。在研讨会上，大家积极发言，给了百钧中肯的评价。一位广州美术学院毕业多年的学生看了展览后，建议百钧回广东美术馆作汇报展，并为百钧联系展馆等。这年，天津杨柳青画社出版了《苏百钧工笔花鸟画》，江西美术出版社出版了《工笔画花鸟草虫特写·花鸟卷·苏百钧》，岭南美术出版社出版了《苏百钧鸟谱》，华艺出版社出版了《当代中国美术家档案·苏百钧卷》，艺术与人文科学出版社出版了《当代中国画名家精英·田园情思——苏百钧》。

有人问百钧为什么画画，他说：“画画是我自言自语抒发内心感情的行动表现。我脑子里经常全是图像，几张画在轮流打转，突然感觉某张画有强烈的表达意愿了，也就是成熟了，我就在纸上落笔。这是我生活中最大的乐趣和享受，我从来不感觉画画苦、累。”百钧对大自然中的花鸟有着与常人不一样的敏感，与他一起散步或郊游时，他会突然停下说“别动”，在旁人还没反应过来时，他已掏出随身携带的相机拍下树上的小鸟或昆虫。有时，他会看着某种植物沉思，创作的欲望由此而起。

2006年1月，“苏百钧工笔花鸟作品展”在广东美术馆举办，展出了19幅大画、24幅小扇面。开幕那天，百钧在广州美术学院教过的学生几乎都来了，还有以前的同事、同学、朋友、亲戚也来了。他们送来花篮，带来祝贺。在老家办展览，热闹非凡，那场面让我们感动。有些人反复来看几趟，都称百钧到北京后画风有很大转变，愈来愈单纯的画面里蕴含丰富的内涵，并用独具特色的手法，通过富有形式美感的构图与微妙变化的色彩结合，表现出充满诗意和神秘情调的高雅意境，越发耐看。百钧受到很大的鼓舞。

2.3 袖手无言味最长

在画展开幕前十来天，我八十六岁高龄的妈妈不幸跌断了腿骨，必须手术，为此我赶回广州陪伴母亲。手术室门外，我不停为妈妈祈祷，祈盼妈妈闯过这关。妈妈似乎知道我的心情，闯过了手术关，并且麻醉过后也没喊痛。妈妈非常坚强，躺在病床上还不停唱歌，她似乎知道我心里难过，用歌声鼓励我，要我正视现实，面对生活。在侍候妈妈的一个多月里，虽然很苦很累，但我心感慰藉。妈妈用她的歌声带我走回童年，领我回顾农村生活，更鼓励我面对人生。我曾希望看见她能重新站起来，在我的搀扶下，妈妈竭尽全力真的站起来了。可惜妈妈终究已是风烛残年，在我们要离开广州的前两天去世了。妈妈的歌声在奄奄一息的时刻，超越了自身的痛苦，这是妈妈最后送给我的无比珍贵的礼物，曲终命竭，最美好的东西，只能用巨创深痛来换取。

感谢上苍让我在妈妈生命最后的时间里再次聆听妈妈的歌声，再次目睹她的坚强，也弥补我对妈妈的孝爱。或许是妈妈知道我们要回北京了，为了不让我牵挂，她走了。妈妈的去世令我锥心刺骨直到现在，每每想起，都感到心痛。我也明白，对她来说或许是一种解脱，而我总感觉自己没尽责任，没把她背来北京，心里留下了永远的内疚。我把想对妈妈说的话交与纸笔，也只能用这种方式来缅怀我亲爱的母亲。这年，在百钧的鼓励下，我写了《心路》一书，“曲中无别意，并是为相思”则是我写书的缘由。

从广州回来后，我心情惆怅，感物伤怀，走不出悲痛。百钧不忍看我哀伤，百忙中要陪我去四川看梅花。四川是我的籍贯，妈妈当年远嫁他乡，在川留下足迹，我去替妈妈怀旧吧。在成都，我见到了表弟表妹们，一番聚谈，他们都说我妈人好。我也感谢他们在妈妈重游四川时对她的照顾。时过境迁，妈妈已不在了，仍能留给后人好的口碑，我为妈妈骄傲。

4月17日清晨起床，大吃一惊，满桌满地一层薄薄的沙尘，再看窗外，屋顶瓦盖、道路草坪全铺满了黄沙。“沙尘暴”！这是我们来北京后遇到的最大的一场沙尘暴。不说这沙尘的危害，单看这一夜醒来满目黄土，都叫人目瞪口呆！

11月入冬前，我们小区的池塘去水干塘，好多小鱼在水洼里挣扎蹦跳。百钧童心未泯，拿起水桶和网兜踩在冰冷的水洼里把一条条小鱼捞起，回家后上百条小鱼没地方养，他把鱼搁到浴缸里。说不想让小鱼冻死，要让小鱼在温暖的家里过冬。过了几天，黑压压的小鱼颜色变浅，百钧连忙把洗澡房的灯日夜打开，希望能代替阳光。那满缸小鱼也确实好玩，我每天给它们喂食换水，好不忙乎！

这年，荣宝斋出版社出版了《荣宝斋画谱·工笔花鸟部分·苏百钧绘》收录作品42幅。新创作的《洋百合》《水草》《浦》《玉簪花》《竹林》《梳羽图》《圣诞花与小鸟》《高山含笑》《松果果》《竹林云雀》《紫球花与小鸟》也收入其中。在编印这本画谱的过程中，出版社请我们一起去调色和监印。调色很费神，电脑上用色的方法跟平常画画的用色法不一样。比如说画中的色彩偏蓝了，加点白，它就变浅蓝，而在电脑上则要去红，很不一样。我们也只能凭感觉说跟原作像不像，至于加减什么色，只有操作手才懂。不过收获很大，至少知道了编书印刷的过程。在工厂监印，一直干到凌晨，很累，但很开心。我们从小就知道这套画谱，百钧对这画谱系列更有着深厚的感情。今天，自己的画也进入这个画谱系列，是一种荣誉，更是鞭策。一定要更努力画画，画出精品流芳传世。

同年，江西美术出版社出版了《苏百钧扇面画精品》，我们也去参加调色。画集印得不错。平常一有空，百钧就叫我帮忙裁剪各式扇面纸样，让他在创作大画之余随意绘画小画，以放松身心。看百钧的扇面画，有一股赏不完、品不尽的韵味、意境。画面上那深幽而沉厚的情感，含蓄、蕴藉，令人遐想连连。在盈尺之内，他恣情纵意地横铺竖泼，勾皴点染，既使画面充满豪放洒脱之气，又不失清雅含蓄之感。用新的创作手法和艺术形式表现出不套凡俗的艺术格调。扇面画的肌理效果随心、随意、随想而作，信手而为，每幅作品选材不同，各有妙意。

《竹林》 65cm×46cm 纸本 2006年

《梳羽图》 51cm×35cm 纸本 2006年

2.4 吾生也有涯，而知也无涯

在艺术的旅途中，百钧一步一个脚印地走，并坚持要画一批批经得起历史推敲的好画，留下精品，对得起观众。2007年，我们回广州过年，其间在“华艺廊”举办“笔恭意纵——苏百钧花鸟”画展，并由广东教育出版社出版了《笔恭意纵——苏百钧工笔花鸟作品》画集，这次画展百分之九十的作品成交了，百钧的画很受欢迎。一个成功的画家，在艺术上不但要征服同行，还要赢得藏家。

广州画展结束后，百钧似乎头脑有太阳，心中有风暴，趁热打铁抓住灵感爆发的瞬间创作了《昨夜风雨》。这画源于约朋友一起去“蟹岛”观看荷花，前一晚刮风，第二天荷花全倾倒了，风似乎想把荷叶带走，荷梗却紧紧地把荷叶扯住不放，那情景扣人心弦。百钧把荷叶、荷梗与风之间的关系有秩序地带进自己的意念里，使它们相得益彰。他告诉我，“艺术是抽象，取自于自然，画家用它来做梦”。

接着，百钧创作了《谧·花间之三》《姜花之二》《鸟巢系列·松鹤图》。《松鹤图》历代都有人画，而且大多数雷同。百钧也想画，考虑多年，怎样去表现松与鹤，才更有意义？与学生下乡时，找到了契合点。一片茂密的松林，正是要表达的对象，把生活中的自然形态转化为具有中国绘画精神的艺术形象。在绘画过程中，运用“积点成线”的笔法，以其“疏松”的特征表现出松果的特定质感、量感与空间感，从而颇富形式美，使作品有一种朴实强劲而又空灵的韵律意味。画面上利用点、线、面的推拉力量进行引申、丰富，表达鹤的母爱之情。看这画，感觉不是偶然性的消遣，而是拨动了我心灵深处的颤音，给予我生命与人性的感悟。为该画题了几句：“叶落树干数塔（松果）果，防风枝条纵横错，饥冻哀鸣育新雏，慈母厚爱感苍穹，明年丰稔春风暖，翱翔高飞羽力宽。”2008年，该画特邀参加“改革开放三十周年全国美术作品展”，分别在广东美术馆和中国美术馆展出，后被中国美术馆收藏。

百鈞

《昨夜风雨》 148cm×183cm 绢本 2007年

2007年，中国美协组织的“同一个世界”中国画家彩绘联合国大家庭艺术大展组委会，在全国挑选百名画家绘画世界各国风土人情作品迎奥运，邀请百钧创作命题画《皇冠鹤》。据说皇冠鹤是乌干达国鸟，这种鹤能为主人看门户。百钧查看了图片资料后，画了两只精神抖擞的皇冠鹤，把“鹤”的美丽与忠诚、圣洁表现在画纸上。听了它的神奇，看着百钧的画，我为该画题跋：“东非高原水乡，有那神鹤，头戴黑盔皇冠帽，身披五彩衣，铁嘴利爪护家园，抖抖昂昂，神气骄傲，忠诚献人民，炽热洒赤道，不愧乌干达国鸟。”随着奥运会到来，这批画将在几大城市和世

《鸟巢系列 · 松鹤图》 220cm × 150cm 绢本 2009年 第十一届全国美术作品展览（评委作品）

界联合总部展出。高兴的是，我的题跋能和百钧的画，一起周游列国。

在百钧画桌的抽屉里放着一本从广州带到北京，只有十二页的彩色小人书。这本小学老师送的名为《聪明的小白兔》的小人书扉页写着：送给苏百钧同学存杨淑如赠于1960年2月15日。四十多年来，他一直带在身边，一是情结，二是书中的内容一直给他人生警醒，智慧就是力量。他也要像书中聪明的小白兔，机灵、坚毅、助人为乐。

一天，我踏进家门，百钧捧着一大束各色玫瑰花献上，并言红色代表我心，黄色代表我语。我大惑不解，既不是佳节也不是喜日，为何如此浪漫？百钧只笑不语，再三追问，原来楼下花工剪花修枝，百钧惜花，便把它捡回插到瓶里对着写生。

刚立冬，学生驾车去郊游。在怀柔的农家小院旁，荒凉的山坡上，一棵梨树叶子已掉光，而果实还挂在枝头，树下腐烂的梨子叫人心疼。百钧飕飕三爬两蹬上了树，这边摘，那边摇，我们在下面捡，商议着拿回家煲水喝润肺。当时很开心，过后好害怕。百钧已一把年纪还像小孩爬树，万一有个好歹，那真不可想象。我一直埋怨真不该做这些危险事，百钧答应以后不再逞能了方罢休。

来北京后，我学会了简单的电脑操作，喜欢上写东西，并常为百钧的作品题短句。他深情地戏称我为“大诗人”，我赶紧纠正为“大屎人”。在欢声笑语中百钧不断出新作，我也写了不少文句。有一回，百钧拿起我题的短句用毛笔往画上写，突然急叫，说有个字用得不妥，催我快改，并说得提着笔等，否则不贯气了。看他样子逗得我直想笑，随口就把“雾中”改为“雾丛”。他欣然写下，并嘘了口长气说写毛笔字要一气呵成，断了就没行气了，我恍然大悟。

有一天，百钧手机响，传来女音说是安徽博物馆的，想收藏百钧的一幅画。百钧不认识她，推脱说没空，那人强调馆长认识百钧，一定要见面。第二天，又打来电话要求见面。我说，不认识的人别让她上家来，约去咖啡厅见吧。四小时后，一位土里土气的妇女提着大包来到。百钧要求她出示介绍信，她左翻右掏，将身份证递出，并打开大包里的青铜器说是镇馆之宝，送给百钧。这下露馅了，博物馆的镇馆之宝哪能轻易送人呀！百钧微笑着点来饮料，想着怎样脱身，突然手机响，百钧急忙站起说有急事，拔腿就走。回来后我们聊这事就像电视里的骗局，手段低劣并可笑。幸亏没让她来家，要不就难请走了。在北京还遇到各式各样奇怪的人和事，虽然有时感到尴尬和麻烦，但也给生活添了几分乐趣。

一眨眼，在北方生活已经快十个春秋，开始什么都不懂，付出“代价”后，才慢慢明白。刚来时，不知道北方的开、关窗的“学问”。一年到头，像在广州那样开着窗，结果百钧整年打喷嚏，患了严重鼻炎，一低头鼻涕直流。原来，北京的冬天不能整天开窗，特别是北边的窗。因为外面气温低，里面温度高，温差大，开窗会把屋里的湿气抽干，其结果就是本来就空气干燥的北方就更干燥了，人受不了，特别从小生长在南方的我们，鼻腔习惯了湿润，在干燥的空气下就更难适应。

在北方生活还有很多学问，就穿衣盖被而言，到现在我们还掌握得不是很好。在广州，冬天在家里要多穿，上街越走越热，要少穿。北京则反过来，家里有暖气要少穿，上街则越走越冷，必须穿厚。但不能多穿，穿多了到商场有暖气，要脱起来又麻烦了。但要不上街，在家里画画，北京的冬天比广州舒服，不用暖袋暖手脚。北京早晚温差很大，睡到半夜必须加被子。冬天床上都要加褥子，这样半夜才不容易着凉。开始时，我们不懂，直到百钧咳嗽一直不好才发觉这个“秘密”。

在北方，还有很多与南方不一样的风俗习惯，比如“冬至”要吃饺子，就不会冻掉耳朵，出门饺子回家面条，等等。还有买菜不喜欢讨价还价，但在电器商场，同样的商品经常价钱不一，必须货比三家，狠命砍价。也算是南北各异的经历与世故吧。

第一次在北京看见下雪，非常兴奋，拉着百钧冲出家门，踩在“嚓嚓”发响的雪地上，身后留下长长的脚印，任由雪花洒落在头上、身上，我们仰天而笑，伸出双手想接住雪花，看

下雪啦，我和百钧在雪地留影

它美丽的花形，可雪花总是马上隐形剩下水珠。路边一位扫雪的老大爷嘴里不停地说“好啊好啊”，我奇怪地问：“什么好？”大爷说下了雪就没那么多细菌了。原来，下雪可以起到清新空气，冻死害虫去病菌的作用。第二次看下雪，我们是在楼房里喝着热茶，透过窗外看那纷纷扬扬的大雪从天而降，非常惬意，别有一番情调。偶尔，一位穿着红黄羽绒服的女孩在白白的雪地上走过，把圣洁、纯净、不染一丝尘埃的雪地倏然惊醒，那美景令人赞叹。

第二天，我们冒着严寒去圆明园赏雪。圆明园中的颓垣断壁在洁白的雪地上若隐若现，白茫茫的荷塘中露出几枝残荷，所有的生机都湮没在冰冷中。对着眼前令人倾倒的凄美，百钧不停拍照。回家的路上，那些洁白的雪让来回穿梭的汽车辗轧后变成污垢浆泥。我心中阵阵抽搐，好想呐喊：现代生活为何要破坏这大自然的美丽。

有一次，儿子找百钧评画，百钧告诫他：“不要张张都画大画，画四尺对开大就够了，表达的内容尽量要精，用作展览、出画集都行。就算展销，小画的价钱许多人也能接受。另外，将一半精力放在大画上，大画应该张张都要精到。深思熟虑后，感觉很到位才画，不要浪费时间。人物画最大的优势，就是直接表现思想，可以为意识主题服务，也可以直接为社会服务。所以在展览会上人物画是占很大优势的……”百钧喜欢在饭桌上与儿子对话，给儿子建议。有时他俩聊得很投缘，有时激烈争辩。毕竟儿子已长大了，有自己的想法和观念。有时我也插上两句，更多的是听他们说，我想，能把各自的看法和观点摆出来，毕竟是好事。

百钧常说：“我祖上八代花农，自幼生长在花地，父亲是花鸟画家，从小受艺术熏陶，在自己内心深处，对花鸟草虫有一种永远言不尽道不清的情结……”他还说：“花鸟画能传情，能将你带入另一境界。还能让人情景交融描述自我的感觉，脱离尘嚣的纷争，令人得到精神上的享受。花鸟画能让人忘掉世俗的麻烦与伤痛，有一种希冀在里面。每张画可以表达不同情怀的喜怒哀乐，是一种愉悦与解忧，一种默然无言的心灵宣泄。像《晨韵》那张作品，静谧中有一种希望，几只鸟安然梳理，没打斗，没纷争，和平共处。高境界的花鸟画讲究从生活中提炼达到艺术升华……”

早期，百钧的大幅创作画都是随心意想而画，着重于形式、构图。九十年代他着重色彩，运用亮度和折光度相异的同类色，通过其“相类似”成为和谐的对比，同时利用补色对比和“类似色”的协调来增强色彩，并使之和谐。来北京后，通过感觉自然，感受事物，寻找方法。百钧的画不但注重构图结构，更喜欢用灰调贯穿整幅作品，使画面简练、稳重、古朴。我常想，这是随着年龄增长喜好更移而转变，还是阅历广了根据经验而开拓？或者两者兼有吧。

2.5 往事成追忆，当时却茫然

合肥市的“华鼎艺术中心”成立，邀请百钧和全国八位知名画家联展。值此机会，我们去了九华山旅游。炎热的夏天，并非旅游佳季，毒辣的太阳，闷热的山道，似乎要把人烤干。但这阻挡不了我和百钧的兴致。我们登至最高峰，石碑上写着：九华山最高峰，海拔3500米。站在石碑上极目远看，“一览众山小”，心里很激动，尽管大汗淋漓，却感觉成了登山英雄。因为除了我俩，没有一位游客和我们走一条道，他们到了天台禅寺后就从来路匆匆下山了。我们绕道下山，静静的山道很陡，真怕有劫匪，百钧却谈笑风生。忽然看见石头上有东西在动，百钧高喊：蛇！吓得后退几步，再仔细一看，原来是一只鹦鹉站在石缝里露出黄嘴巴。经这一吓，我直埋怨百钧走常人不走的道。他却说这清寂的环境似乎又回到谈恋爱时无人打搅的感觉。真是哭笑不得。

下山后已经很累了，百钧坚持要去山沟下看凤凰松，我们搀扶着，累得一拐一拐地找到松树所在地。哇，难怪被称为“天下第一松”，太洒脱了，像展翅的凤凰，欲飞向九华山。

合肥的画展结束后，我们绕道回广州，在广州度过25天的暑期才回北京。刚下过雨的北京气温只有21摄氏度，凉飕飕的，与炎热的广州比，很舒服。回到北京的家里，有点冷清。不是北京家不好，而是这次回广州主要是探望生病的父亲，结果一连串的应酬占去大半时间。在广州的这些天里，我重返下乡地怀旧，去三水荷花世界赏荷花，还去了珠海、顺德、清远，陪父亲的日子却很少。明知能见父亲的日子不多了，可在父亲面前，又不知该说什么，不能告诉他病情，更不能流露半点哀伤，万般无奈，唯有在心底祝他能康复。

回北京后，百钧不停地忙着重新编写《创作篇——苏百钧》，该书被高教部定为“‘十一五’高校教材”。我帮着他整理文稿、打字、拍正片、写后记等。

人生旅途幽长，一眨眼又到了金秋十月，朋友邀请我们去西山游玩。都说西山红枫叶很美，可惜我们没见到。倒是曹雪芹故居吸引了我，据说这不一定是一代文豪的故居，而是清代满族白旗军营。因为喜欢《红楼梦》，还是兴致勃勃地浏览了故居介绍。忽然，朋友打电话来说我们广州家的铁门让贼人撬了。顿时兴致全无，决定速速赶回去。百钧要上班，我一人赶去机场乘飞机回广州已是晚上九点多了。我们的好朋友杨哥一家已为我们更换好新铁门并在打扫卫生，累了一天的他们还没吃饭。在瞬间的歉疚中，自己被感动，朋友之间的交融竟是如此真实。在过往的岁月中，杨哥一家一直支持和帮助着我们，曾为我们制作结婚大床、料理家居琐事，点点滴滴难以忘怀。今日，我们能安居异乡无后顾之忧，百钧得以艺途安顺，这一切，昭示着明净纯洁、无私付出、不求回报、情深意切的同学之谊。在这漫漫的人世间，能有朋友默默相助诚为可贵。

百钧除了画画还喜欢种植花卉，每当画累了就爱去搬弄花草。北京家的阳台成了我们的小花园，他喜欢种花卉，我种有收成的果菜，各有收获非常开心。其实家里的阳台并不大，只是适当利用而已。小阳台曾种过葫芦瓜、西红柿，但是这两种植物只知道茂盛成长却不开花结果，黄瓜和辣椒就收获颇丰。最高兴的是，种在阳台角落的葡萄结出了几串果实，非常甜。还有结了六十多个果实的无花果树，给我们增添了无限乐趣。百钧种的文竹四季常青，让北京落木萧萧的冬天生机与盎然。这茂盛的文竹，遮挡了三分之一的阳台，正好为从广州带回的几盆兰花挡去烈日。一盆百钧父亲亲手种植的兜兰，在我们心中藏着道不清的情思，带来北京后夭折了，惋惜不已。所幸的是，多年前百钧曾把兜兰分盆种植后送给两代世交的朋友，他们又将再繁殖的兜兰回赠我们。这兜兜转转凝结着两代人情结的兰花续延了两家的渊源故事。但愿兜兰长盛不衰。

2007年深冬，我们应邀前往成都参加三和集团美术馆组办的“水墨江山联展”。我们上午九点兴致勃勃赶到机场时被告知航班取消，改为迟一个小时的下一班机，只好耐心等待。突然又被告知，我们要坐的航班因为成都大雾还困在成都没起飞。这就说起码还要再等三四小时飞机才可能起飞。这可气坏了，退票吧，又心有不甘，还想顺道去成都探亲，而且行李已经托运了。一直到晚上六点多钟才到达成都，已经暮色四合伸手难辨五指。之后几天，成都一直是弥天迷雾，瘴气锁城。

听父亲说我有两个姑姑早年失散，八十年代才寻回。这次来成都除了参加展览外，就是想见姑姑。百钧的学生开车，前往距离成都一百多千米外的德阳去看望从未谋面的姑姑。刚出发，大雾茫茫看不清几米外，高速路全封了，我们的车只好在小路上左转右穿，希望能碰到某个高速公路口放行。本来一个多小时的路程，走了足足四小时。到姑姑家已经快三点了。

见到姑姑，心中腾升起无可名状的酸涩。已八十多岁的姑姑身体硬朗，显得有点激动。虽然语言不通，亲近之情却油然而生。姑姑知道我想看腊梅花，牵着我的手，步履蹒跚领我到腊梅树下。姑姑的手有点冰凉，然而，彼此亲近的血缘在窜动。姑姑弯腰捡起掉在地上的腊梅枝递给我，我挚诚情深地把这带有清香的花枝轻轻插在姑姑的帽沿上，姑姑任由我摆弄。顷刻间，我找到了千里迢迢来看姑姑的缘由：为了心存的那份情感和心灵的那份探秘。

回成都的路上，途经牧马河（当地人称“鸭子河”），看见上千只鸭子在江中畅游而过，场景壮观。百钧连忙下车观看。鸭子有的蜂拥过江，有的排成一队，有的急于觅食，有的悠闲梳洗，形态各异。百钧非常激动，在寒风中观看了近一小时，把鸭子的浮水姿态、群体行进、个体活动、逆水而行、排队过江等动态一一默记。回成都后，我和百钧都感冒发烧了，在吴老师的帮忙下去成都三院急诊室打点滴。两人一起病的滋味真不好受，疲惫孤独的感觉油然而生。想喝水、上洗手间就更不方便。

2008年初春，百钧要带学生下乡写生。可在下乡的前三天，我父亲去世。百钧担心我一人留在家过度伤心，提出与我一起去西双版纳写生并为我准备好纸、笔、颜料、画板等用具。带着父亲离世的悲痛，含着告别家园的隐隐苦涩踏上旅途，不时泪水直流，二十天前父亲在生命弥留之际还为我着想，对我说的一席话至今还在耳畔。一如母亲那样匆匆而走，这一幕幕不时在我眼前掠过，伤痛不已，只能用朋友的一句劝言宽慰自己：“如果从未忘记，也就不曾失去。”父母的厚爱终生难忘！

和百钧坐飞机到昆明与学生们会合后转机到景洪，住在西双版纳花卉植物园。多天来的伤感、紧张、疲劳一泻而出，心脏隐隐作痛，倒头便睡。

第二天，不知是因为心情不好还是见惯了南方熟悉的植物，这里的一切并没引起我的激动。只是看见百钧与学生们去写生，我也拿起画板调色作画。已隔二十八年没写生了，重新执笔再画，却是那么僵硬、生疏，一点感觉都没有，真气恼。看见百钧和学生们完成的一幅幅作品，更觉得自己无能。父亲的头七、二七、三七我默默数着，不能在他的遗像前鞠躬，唯有用自己的方式来悼念，祝他一路走好："头七还茫然，二七回过神，三七痛哭悼亡魂，过已去，错也罢，骨肉亲情揪心痛，冥冥路，不好走，盼父早日到天堂，拜祖宗，见小弟，带我心声与母聚。"

在当地一位老师的提议和帮助下，我和陪妻子来写生的一位现役军人一起坐车去位于勐腊县勐仑镇的中国科学院西双版纳热带植物园。晚上出发，黑乎乎的山路有点可怕。车子在山路上不停拐弯，公路下一点也看不见，在车灯影下只能隐约看见路旁种的都是高高的油棕树，婆娑的叶子很美。

中国科学院西双版纳热带植物园在澜沧江（湄公河）支流罗梭江环绕的美丽的葫芦形半岛上，海拔570米。我们沿着引伸向葫芦岛的长长铁索桥踏入植物园，映入眼帘的依然是热带植物。然而高大的树木、奇花异草，令我有点兴奋。边观看边照相，不知不觉游览了五个多小时。最吸引我的是听见音乐就会上下摆动的舞蹈草，真奇妙。我们还参观了热带雨林民族博物馆。可惜没能亲临热带雨林。在植物园里的内岛中，一只白脸猴不停地哀鸣，听说它的同伴死了，孤独的它走不出内岛，在树上不停地蹿跳，怜悯油然而生。

神秘美丽的西双版纳植物园很大，树木多，空气好，我们流连忘返于浓郁的民族风情和周边的傣寨建筑物中。这里的男人腰间都系着一个小竹筐，里面装着一把只属于他自己的刀，而且喜欢纹身，身上刺的花纹越多越代表勇敢。女性爱打扮，五颜六色的筒裙搭配头上的插花更显体态婀娜。听说女孩的花插在左边则拒绝追求的男性，花插右边则同意约会。寺庙里25岁的住持向我们介绍小和尚的生活，不禁唏嘘。心中打起问号，他们为的是什么？是心中的信仰，传统习俗？还是父母之命？

回到景洪镇，和百钧去参观了西双版纳南药园。这里主要进行热带药用植物种类资源保存、引种、栽培和科学研究。丰富多样的热带药用植物令我们惊讶，领略了中华医药文化的丰富内涵和博大精深的中草药知识。

据说，曼听公园是1300多年前傣族国王的御花园。里面大树参天、楼阁别致。孔雀馆里上千只孔雀轮番开屏，我们悄悄揪着孔雀美丽的羽毛不停拍照，久久不舍离开。为了让学生了解当地的风土民情，我们去橄榄坝和野象谷游玩。到傣楼做客并吃傣家饭，看民族表演，参与泼水活动，坐缆车观野象，看鸟类和大象的表演，与大象拔河比赛，同学们都高兴无比。

不相信自己的写生能力丧失，我决定学百钧用铅笔描画花卉。开始时画出的对象老不满意，反复擦掉。不会画叶脉，百钧给我作示范，并对我说：“写生不能只在形的对与否上纠缠，绘画可借助科学分析与透视，但不是搞科研，感觉是首要的，一切造型要尊重自己的感觉。”他还教我用心去揣摩对象的形态，观察植物的生长规律，了解它如何从萌芽到落叶归根。分辨它的根、茎、枝、叶、蕾、花等的特点，体察植物轻微细小的变化等。我慢慢地渐入佳境。我的第一幅写生稿完成后，百钧打电话告诉儿子并大加赞扬，增强了我的信心。接下来我陆续画了十张画，虽然不精到但还算满意。有时候天下大雨不便写生，我们就去逛商业街。缅甸人开的玉器店是一道风景线，奇装异服、身形彪悍加上不流利的中国话，引人注目。

二十五天的写生课结束了，部分学生直接回北京，剩下八位学生与我们随着回程路线顺便参观旅游景点。坐了十二个小时汽车到建水，颠簸的路程把我前天又犯的腰疼治好了。庆幸之余游览了朱家花园、建水文庙和团山民居。在团山民居，当年知青生活的景象跃现眼前。冰冷的农田、小路的野花、厚厚的青苔，岁月穿梭的感觉油然而起。

我们还去了哈里族人居住的寨子元阳青口。这里风景秀丽，闪烁银光般的层层梯田巧夺天工，令我们惊叹。我们不停地拍照、搜索素材。我们循着清澈冰凉的水流，追寻梯田的来源，探秘彩霞的神光，欣赏那雾腾腾的山峦，还坐在山麓间吸吮泥土的气息，与层层水田共同经历日出日落的洗礼，寻其韵味，细细欣赏梯田在阳光的照射下不断变幻的奇景。

在列入世界自然遗产名录的“石林”，大家穿梭在石堆里揣摩各种石头的形状，不时发出惊叫，赞叹鬼斧神工的奇异。穿上民族服装，摹仿阿诗玛形态……欢声笑语中不断摁动快门，最后，所有相机内存全装满了。

旅行结束了，非常感谢同学们在路途中给我快乐、帮助和照顾。与年轻人相处，每天在欢愉中度过，忘却悲痛，不知疲劳，不觉得累，似乎自己也变年轻了。这次收获真不少，除了画画，留影美景外，还增长不少知识。

本以为快乐的旅游已平息了丧父的悲哀，可回北京几天后，父亲离世前的点点滴滴又涌心头，止不住泪水涟涟。妈妈的去世锥心刺骨，父亲的离世苦涩酸痛。每每忆起，心难平静。清明节百钧回广州拜祖约我同行，我怕触景生情，还是让时间冲淡了一切再说吧。伤心之时写下：“桃李花烂漫，折柳别故人；阴阳两重天，生死魂依依；闻得寒鸦啼，哀伤泪淋淋；叩首悼亡灵，往事长思忆。”

2.6 独上高楼，望尽天涯路

百钧创作了《荷塘》，画面中几片残荷在水上飘零，几只鹳鸟伫立在被人遗忘的荒芜荷塘中。该画墨、色清淡雅致，韵味幽长。看这画无以言叙，却又心有所悟，发乎内心的情愫经久绵长。是拟人？拟物？拟景？拟情？观者自明。从《秋荷》《圆寂》《愁绝水一方》《秋荷二》《昨夜风雨》到《荷塘》，百钧已画了大量以“荷”为题材的系列作品。虽然这些作品都是画荷，但表达的意境和表现的手法各不一样。有秋收丰逸，有经历风雨，有何以为家，有残枝枯干，有浓烈色彩，有墨淡色清，有静有动，有哀有情。画中饱满的激情和富有韵律感的线条节奏与明朗的构图格局别有新意，清新雅逸，令人联想翩翩。

《秋塘野趣》 148cm × 183cm 绢本 2006年

百钧再次创作了《三棱剑花》，作品中三只灵动的小鸟喜看剑花盘枝而生。从《夜朦胧》《七月盛开三棱剑花》《谧·花间》到《三棱剑花》，又是一组系列画。这系列的剑花中，每幅都各含韵意：依然是朦胧的花，宁静的夜，但此景非那情，风格形成乃是随心随笔。画中，传统的色彩结构和现代的构图、形色有机融合，阐释着百钧对生活和生命的挚爱。

2008年4月，中国美协聘百钧为评委，到郑州评选“首届中国画线描大展”作品。第一次当全国展览的评委，我为他高兴也为他担心。面对众多作品，坦荡、公正至关重要。祝他一切顺利！评完画后，百钧顺道去洛阳观看牡丹花。二十多年前，我们曾一起去洛阳看牡丹，情景还历历在目。那年我们风华正茂，而今已步入壮年。今天的牡丹又是怎样呢？随着星移斗转一切都该变了吧……

几天后百钧接到通知，随中国美术家协会改革开放三十周年采风团到广东采风。虽为广东人，汕头沿海却没去过，这趟有机会去一睹风光了，他随即收拾行装又匆匆出发。从汕头、丰顺到深圳，一路上受到热情招待，还了解了广东沿海的地域分布和风土人情。到东莞刚好碰到东莞美术馆落成和广东美术作品展开幕，热闹非凡。同学、同事、老师、领导、学生欢聚一堂，真有荣归故里的感觉。到广州后，参观了钢琴厂和造船厂。百钧以前天天上班经过船厂但从没进去，当时亦感慨万千。

在频繁的忙碌中，儿子报读博士开考，我在家紧张地每天送儿子参考，迎接他归来。几天后，儿子进入复试，但专业成绩以一分之差落榜。计划全打乱了，我们的心里都很难过。为此，我心里焦急，上火了。心闷、喉疼、耳疼，还老想发脾气。为了把“烦根”剪掉，我决心把几十年来一直留着的长头发剪掉，彻底换装。不知道该剪什么发型好，拉着百钧去理发店帮忙出主意。百钧为了陪我，也第一次去理发店理发。之前一直觉得去理发店太浪费时间了，都是我帮他理发，儿子也学他喜欢在家里剪发。我理所当然地成了家庭理发师。当理发师为我剪下第一刀时，心里突然有点不舍，随口说了句：“师傅心狠。”师傅不理睬，还直游说我烫发，百钧也在旁边唠叨我烫发，想想从来没烫过发，试试吧。耐着性子慢慢让理发师摆弄，不一会儿，看着镜子简直不敢相信，脑袋大了，像顶着一堆乱草。当时很不高兴，回家后百钧直说好看，改变了形象。儿子也说好，但我不习惯，见了熟人就问好看吗？

儿子读博的愿望成了泡影，只好先找工作。跌跌撞撞后，儿子接到广州美术学院的录用通知书。经过一番思考，儿子选择回广州美术学院工作。这一决定，意味着我们一家又要南北两地分开生活，心里很不好受。我们当然希望儿子能在身边，也可以跟百钧学画。但想到儿子已读了二十多年书，该走出社会了，还把他锁在身边，永远长不大。为了他的前途，为了实现儿子要当大学老师的梦想，更为了他能真正接触社会独立面对生活，我们同意了他的选择。儿子找到工作了，我们有一种说不出的喜悦。为他祝福，给他鼓励。他说最放心不下的是我们，这让我感动。

2008年5月12日，四川汶川县发生7.8级地震，波及面很大，成都、德阳都成了灾区。我急忙打电话给在成都的表弟妹们，可一晚都没接通，发短信也联系不上。第二天，我继续和他们联系，终于知道他们都安好，德阳的姑姑也平安。看着电视画面，知道这次灾难性的地震惊心动魄，很多地方房屋倒塌，人员伤亡惨重，因为山体滑坡，公路堵塞。灾难牵动了我们的心，震撼了灵魂，我们有空就打开电视了解最新情况。子弟兵的奋勇救灾行动令人感动。但愿灾区的人民能早日渡过难关，重建家园。

要开学了，儿子踏上回广州工作的征途。北京的家又剩下我们两个老人，有点孤独。对北京的热情悄然而退，恨不能也回广州，一家团聚，共享天伦。星期天，我俩去首都博物馆参观精品展。瞬间产生一种想法，北京有很多博物馆而且非常好，如果能都走个遍，将来回广州了也不后悔。

儿子的作品《流年似花影》入选“改革三十周年全国美术展览”，和百钧的特邀作品《鸟巢·松鹤图》一起在广东美术馆展出。儿子的另一幅作品《等待》入选“2008年中国人物画邀请展”。儿子走上工作岗位后，参加了两次展览，我们倍感欣慰，希望他工作顺利。

中国美协邀请百钧参加“同一个世界——中国美术家俄罗斯采风团”出访，我也随去。俄罗斯是我们小时候最熟悉、最向往的国家。飞机飞行五小时后，我们到达莫斯科，美丽的红墙、雄伟的克里姆林宫、洋葱头般造型的教堂，吸引着我们不断拍照。在东正教发源地——谢尔吉耶夫教堂城，我们品尝了俄式午餐。在圣彼得堡，我们参观了世界四大博物馆之一的沙皇东宫、艾尔米塔什博物馆和列宾美术学院，还购买了早已听说却未曾见过的琥珀和俄罗斯紫金等饰物。

我们楼下的小区池塘放水，捞回了几条锦鲤鱼，这给我们添了无限乐趣。把浴缸搬到阳台养鱼，一会儿给它喂食，一会儿给它换水，不亦乐乎。

这些年里，父母亲去世，儿子毕业、工作，我的小病，房价及股市大跌等内外事因，一件接一件搞得我心烦意乱，常为一丁点小事大发雷霆，向百钧开火，百钧让我逼急了也对我反击。我决定逃避一切，离家几天出外走走，放松放松。到了一位朋友家里，体验了真正的北方人的家庭生活与节奏。他们家的环境似曾相识，仿佛又回到我们年轻时住过的房子。在谈笑中与他们一起散步、逛公园，忘却了心中的不快。突然感到人与人之间需要交流、沟通和鼓励，如何面对现实、勇敢跨过生活中的一道道坎，也是一门学问。三天后，我心情豁然开朗，感到朋友的可贵与真诚。曾经感觉自己是那么孤独、郁闷、渺小，而在他们的关心、照顾、帮助下，我恢复了自信，敢于正视现实。非常感谢他们！

与百钧分开几天，一见面，他紧紧拉住我的手嘘寒问暖，真有点小别胜新婚的感觉。接下的几天里，我们去拜访朋友、逛公园、游故宫，尽情放松。百钧不知从何处借回一本《人体

苏睿作品《流年似花影》250cm×130cm　纸本　2007年（入选『改革开放三十周年全国美展』）

苏睿作品《等待》 170cm×95cm 纸本 2007年

使用手册》，看后受益匪浅。书中介绍：“人的身体系统结构与电脑的基本架构非常类似，身体原本就配备精密的功能。会自身修复、自我治疗甚至有组织再生的功能。”对于这种观点，我非常赞同。早前，我的病痛确实是透支过度引起的，随着时间推移，身体慢慢修复后得到改善。为了健康，我们决定调整作息，感谢上天又一次指引我们。

岁月如梭催人老，突然感到很多事力不从心，茫然失措，很想身边有人陪伴。百钧也有心想把自己的绘画心得与经验传给后人。之前也经常有学生想私下跟百钧学画，种种原因我们一直没答应。百钧认为“入室弟子”不能随便收，一定要品性好，真心爱画画才行。在机缘巧合中我们被一位学生及其家人的真诚打动，决定收她为入室弟子。因为她家三口的经济收入比较紧张，百钧和我商量后，决定不收学费还给她一些生活补贴，就当作我们帮她，她帮我们吧。

无意中发现天天戴着的蓝宝石戒指不见了，左找右找找不着，黯然失落。以为是洗头时不小心丢到马桶冲走了，心疼了好久，这可是与我朝夕相伴多年的饰物。而且总有种感觉，心爱的东西丢了会有什么事发生。两个多月后，刚来的小徒搞卫生时在一个不经意的角落里捡到了，惊喜万分。太奇怪了，这地天天拖，钟点工也曾在那地方擦窗搞卫生，怎么就没发现，而且为何会丢到那地方？丢失时小徒还没来呀。可能是上天不让我感到遗憾，派小徒把它找回给我吧。

家中多了个人又变得热闹了，开始的新鲜感让我们充满欢乐。小徒也很勤快，忙前忙后，给我很大的帮助。可是，有一次她把我的话理解错了，我顿然失语，怅然若失。明白了为何上下几千年来人们总说婆媳关系很难融洽，这当中有道不清说不明的微妙。满心茫然，人与人为何非要经历磨合，才能达到“言笑无忌”。百钧跟我分析，这是地域差异造成的理解问题，想想很有道理。希望在漫长的时光中，我们能尽快相互理解，相互融洽。

2.7 心高志洁，烟雨任平生

我写的文章分别在《当代名家艺术观——苏百钧创作篇》和《水墨名家》杂志2008年第4期上发表，非常高兴。自己反复看了一遍又一遍。可惜妈妈没能看见，留下遗憾。记得，在妈妈八十岁那年，她经常揭看由百钧的十二张扇面编辑而成的一本台历。到年底时，她把台历上的十二张小扇面画沿线剪出，并用白纸镶好。母亲用她自己的方式表达爱，当时我很感动，紧紧地搂着母亲……拳拳之情，溢于言表。而今天她不能分享我的喜悦，深感哀伤。多想再看到母亲的笑容，聆听母亲的教诲。

2008年12月的最后一天，我和百钧走进中国美术馆典藏部郑重签下名字，同意中国美术馆收藏百钧作品《鸟巢系列·松鹤图》。这可是我们经彻夜难眠的兴奋与思考所做的决定。思考：得与失、名与利的权衡。兴奋：是因为呕心沥血创作的作品再次得到肯定，十年前美术馆曾收藏《秋韵》，今天美术馆再次收藏百钧作品。更有意义的是，该画上有我的题诗，两人的名字与作品一起走进国家美术馆典藏部，是一种荣誉。

2009年春节，我们一家相聚广州。依然繁华的城市，熟悉的街道，却再见不到我们的父母，怅惘与木然伴随着时间匆匆而过。转眼又开学了，我跟着百钧再次带学生去昆明下乡写生。春光明媚的昆明百花盛开，百钧向学生详细介绍各种花卉的品种、习性，让学生了解花苞怎样形成，树木小草怎样生长，蝴蝶等昆虫活泼翻跃等，指导学生追踪大自然中的生物去研究创作。我也学着拿起相机捕捉奇花异草的优美姿态，满感新奇。其间，我和几位学生去了大理、丽江游玩。可惜的是，短短三天里，导游带我们去购物了八次。因为百钧没去，没经验的我们到了丽江没抓紧时间去游览当地的风景，而是傻乎乎地被热闹非凡的商店所吸引，错过了游览古镇的真正目的。

云南玉溪艺术学院邀请百钧去讲座，容纳几百人的礼堂座无虚席。热情的东道主还陪着我们参观学校和老师们的工作室。玉溪市宁静、美丽，气候宜人，没有大城市的喧哗、浮

我们一家在人民大会堂百钧作品前留影

躁。感觉那里是最佳居住地，可惜离广州、北京都远，否则我们会常去小住。

这年儿子考博终于成功了，被中国艺术研究院录取，又回到北京攻读博士学位。苏睿边工作边读博，经常广州、北京两地跑，这对他又是新的征程。

2009年，接到为人民大会堂金色大厅绘画的邀请，百钧很激动，那是中国最高最大的殿堂，能在那里留下笔迹是何等之光荣。在去人民大会堂看现场时，无意中得知人民大会堂的藏画中有百钧父亲的《荔枝双鹅图》，而且准备载入《人民大会堂珍藏书画》一书，更是兴奋。

参加人民大会堂竞选的画题为《百鸟朝凤》，画幅尺寸是310cm×550cm。在构思这幅画的草图时，百钧翻出到云南等地多年收集的素材资料作参考，并认真研究了人民大会堂金色大厅整体色彩布局的规划。经过思考，百钧决定以孔雀为绘画题材。领导们要求先出小稿，通过了才上大画。花鸟画画翎毛难，画大翎毛更难。忙乎了几天后，百钧画出了第一小稿：画面上六只孔雀悠然自得地漫步在花丛间，远处是无边的大海。大孔雀身上的羽毛以翠绿和金黄色为主，以“金镶玉”点配金色大厅。五颜六色的花朵作陪衬，紫调子的过渡色作互补。近景是金红的凤凰花木。这第一小稿送去大会堂审批通过了，但领导们建议不要画海，且要突出和谐。百钧在第二小稿中画了五只呈圆形的孔雀，后面背景改为玉兰树和竹子，前景为大片火红的凤凰花木，象征我们祖国团结和谐、欣欣向荣，寓意吉祥富贵、国泰民安。左下角画上石头，使画面稳重。几易其稿后，再送到人民大会堂参加竞选审稿。一个月后，人民大会堂通知百钧动笔，并要求这幅大画必须在指定时间完成。

这幅题为《孔雀凤凰花木图》的画实在太大，我们把客厅腾空，才能铺开纸张。百钧开始动笔了，画这么大幅的画够刺激。他不停地勾线，一星期后，胳膊累得抬不起来了。我怕他累坏了，想劝他放弃。但是百钧坚定地说：“人生能画这么大的工笔花鸟画，是一种挑战，曾经有过的风光，到老追忆也自豪。”绘画中遇到若干难题，百钧在不懈摸索中慢慢悟出了解决办法，用中国重彩工笔画的厚涂法与薄画法这两种传统技法及破墨法来表现。

大会堂要求完成任务的时间很紧，百钧日夜兼程，不停地画。经常是画了一整天，晚饭刚吃过就发困，上床睡一会又起来画，生怕不能按时完成。数天后，比人还高的绿孔雀画出来了，似在漫步的绿孔雀，把我们带回了繁花似锦的西双版纳……画金孔雀时，百钧在第二稿的基础上作了修改，把金尾巴拉长了，使两只大孔雀更有呼应。小孔雀的画法是运用他父亲画火鸡的方法完成的。在繁忙中接到中国美协的电话，邀请百钧去汕头评审第十一届全国美术展港澳台地区作品。百钧放下手头的画赶往汕头，三天后又回来继续画《孔雀凤凰花木图》。

曾经极想自己快点退休，因为当时单位已解体，在一片下岗呼声的大环境下，我盼望着快点退休安度晚年。而今，百钧退休的预备铃声终于敲响，我却心感茫然：百钧调来中央美术学院工作几年了，在担任花鸟教研室主任期间，他兢兢业业、埋头工作，编写了四个年级的花鸟教学大纲（之前，国画系的教学没有详细系统的大纲可循）。几年来，每轮到他接新班时，有很多学生报学花鸟；他带学生出外写生，多次被评为“下乡优秀小分队”。我深深感受到百钧与我不同：他忠于绘画艺术，热爱自己的教育事业。他有丰富的绘画经验，如高染法、低染法、连消带打、“撞粉撞水”、渲染、分染、破墨、积色、泼彩、泼墨，还有他的构图意识、写生本领、创作思路，等等。这些积累了多年的经验，学生要能学会，该少走多少弯路啊！然而，按照国家人事制度规定，退休前两年不能再招研究生。我为他感到惋惜，更为条框制度而深感悲哀。两年前，一位被称为“箫王”的音乐家，他边吹箫，边诉说，想把自己的成就、经历、技能、技巧传给后人，然而几次申请，领导不重视，就让它烂在肚里吧。当时很感慨，感觉美妙的箫声即将飘渺而去。

百钧倒若无其事地跟我商量退休后去游山玩水享受人生，我知道他的心也在淌泪，也在惋惜。他爱学子，爱教育事业，常念叨教学相长、教书育人的乐趣……所幸，追求国宝级的艺术是他最大的愿望，退休了他还有绘画事业，我想这就是意志的力量。

在边画边闲聊中，《孔雀凤凰花木图》完成了。该画是将写生收集的素材加工整理后，不满足于对事物的单纯摹拟，对自然现实采用以“意”融变，对“象外”情思韵致努力地追求，精细不苟的画法和借景抒情的诗意表现，体现了百钧对现实生活的感受。他把创作的意念寓于形象之中，使客观对象的自然美升华为艺术美，让传统的中国重彩工笔画再度勃发生机。

呕心沥血绘画的大画要“出嫁”了，我和百钧依依不舍，亲自把画送到大会堂，并隔三差五去看装裱、接拼、补色等。

《凤凰花木图》参与中华人民共和国成立六十周年庆典大礼，镶挂在人民大会堂金色大厅内。该画受到了自国家领导人到大会堂工作人员乃至装修工人、裱画师等的一致赞赏。听到人们的赞赏时，我们心中乐滋滋的，成就感油然而生。不久，百钧接到新的国家级绘画任务，又开始了下一段艺术征程。

带着完成大画的喜悦心情，我们决定去旅游放松。又一次一家三口出游，甭提多开心！飞机带着我们穿越高山、戈壁，在狭小的敦煌机场降落。满目离奇的景象吸引了我们，顾不上疲劳，直奔“鸣沙山”。坐上骆驼游行在沙道上，仿如到了沙漠。艰辛徒步于茫茫沙海，一步留下一个脚印，宛如人生的旅途。再从沙堆上滑下，别有一番乐趣。尽管口干舌燥，情绪依然高涨。第二天，我们参观了有着灿烂佛教文明的敦煌莫高窟。这座经历了一千多年的石窟，记载了河西走廊和西域的历史。窟中的壁画色彩典雅，规模宏大，没亲眼目睹简直不敢相信我们的祖先早在一千多年前就有如此高的造诣。我们还游览了雅丹地貌，沿途的石子戈壁滩一望无际，寸草不生，热浪滚滚，让人生畏。以前书上读过的玉门关、嘉峪关已失去辉煌，心目中的丝绸之路黯然失色。在这干旱缺水、环境恶劣的地方，人类顽强的生存意志却令我赞叹。在绿洲生存的人们应该感谢上苍，珍惜自己的生命，爱护环境。

百钧作为“第十一届全国美术作品展览”评委的作品《鸟巢系列·松鹤图》以及儿子的作品《敬老院》都在国展中展出，虽然他们都不是第一次上全国性的美术展览，然而这次非同一般。儿子的《颐养天年》在省展时没被选送上全国展，他没气馁，马上总结原因，又在原稿的基础上重新画了《敬老院》。主题相同，色彩不一样，明快的色调和老人脸部精细的刻画，与前画拉开了距离。最难能可贵的是，儿子成熟了，能从容面对失败，这种不屈不挠与坚韧刻苦的精神让我欣慰。

2009年12月5日，广州岭南画派纪念馆举办了“寄意真淳——苏百钧扇面画”展览，展出83幅扇面作品。百钧的扇面

苏睿作品《敬老院》 220cm × 180cm 纸本 2009年（入选第十一届全国美展）

苏睿作品《芒种时节》 180cm×150cm　纸本　2004年（获广东省美术展金奖）

取材于大自然的汀花草丛、山涧野趣等，体现其存在于大千世界内的意义：看《洋百合》几朵快凋零的百合花从壁缝挣出，迎着飒飒的寒风抖擞，如对生命颂赞礼；《相看惜故枝》中一对恩爱的小鸟耳鬓厮磨喜看春芽，柔情蜜意，意趣横生；《小溪蟛蜞》是对家园的怀念，那毫无忌惮横行爬走的小生物，正是儿时不知天高地厚的写照；《秋花》里任意飞翔的蜻蜓向羞答答的美人蕉述说外面世界的变幻；《故园寻梦》追忆逝去的时光，昔日烂漫的芙蓉花飘然碎落，只剩花托，却风骨犹存；《古道漫漫》中，背驮着大壳的东风螺慢慢爬行，哪儿是尽头？几棵自石缝长出的蕨草，昭示着顽强不屈，好一幅人生寓意的画；《有龙在田》这组画运用巧妙的线条点画出千万年沉寂于地下的古生物痕迹；《芦草·江鹨》中，鹨在湿地里自由觅食，而不能移动的芦草只能低首自诉。扇面中，百钧追寻着自己对闲适野趣的遐想和记忆，以清旷悠远又自然天成的意境记载他对事物的理解与对生活的感悟。这些现实生活中平常的情境，经过百钧以一个艺术家敏感的眼睛发现并诗意地再现之

《古道漫漫》 27cm×58cm 纸本 1998年

《赶潮》 28cm×58cm　纸本　1999年

后，普通的花草鸟虫的生命都被重新赋予了新的意义。他把各种生物之情与自然之景相互融合，使之构成完美的艺术整体，汇成一幅幅生动的画面。

百钧寄真情于写实之中，把日常生活中的寻常题材与自己的感受相结合，用手中的画笔直陈心曲。他用中国花鸟画的精练笔墨和肌理、渲染效果去表现扇面画，使作品中的主题与背景紧紧相扣，景物意境相连。作品既掌握艺术的规律，蕴含中国画的法度，又能自由轻松、悠然自得，从而脱俗超凡。看画中的小鸟：有的在飞，有的在觅，有的在鸣；有的孤独无伴，也有的相依相恋，姿态各异，尽显灵动。他用细腻的笔法把这些活生生的小生命呼唤到眼前，并把它们的精神意趣表现得淋漓尽致，还有那千姿百态的各种昆虫与小生物更是意趣盎然。百钧敏锐而细心地体会触动他灵感的事物，理智而辛勤地整理素材，经过沉思冥想后，把心声、感受和思之不尽的意象用不断变换的新手法表现于宣纸上。在作品中，他善于随“意”运用色彩丰富画面，让各种颜色通过相互间的对比协调，把自身价值融入画中，使之平衡、和谐，从而被理解、接受。

这年，百钧被中央美术学院评为教授。这是对他教书育人和艺术成就的又一肯定。

2010年的春节假期还没过，百钧应他几位研究生邀请再次和我一起去昆明植物园写生。这几位研究生非常懂事而且用功，是真正想学习的学生。虽然只是短短的几天，百钧也尽其所能地给他们作示范，讲解要领。

回北京后，百钧翻出几年前准备的资料，决意要画一幅9米多的长卷，名为《馥林江畔图》。题材源于2007年冬去成都德阳探望姑姑时，途经牧马河（当地人又称鸭子河）时收集的鸭群资料和2008年带学生去云南景洪植物园的数幅鸡蛋花树写生稿，几经思考、推敲，动笔起画，以鸡蛋花树为主景，再添画373只姿态各异的鸭子。画中还画了渔网、鸭寮、鸟窝等，意趣盎然。这幅画真有点“丹青隐墨墨隐水，其妙贵淡不贵浓”的感觉，是百钧的又一力作，画面的疏密聚散，每只鸭子的安排摆放，都一气呵成。

看那画：苍劲伸曲的树木与活泼可爱的群鸭；挺拔的竹树与随风疏狂的芦草；肆意生长的野草与整齐排列的栅栏形成鲜明对比，相互关联，是生活中坑坑洼洼的点聚。一群稚嫩的小鸭跟随母鸭步向生命的港口；成鸭向大自然拍翅欢歌；还有酣然入睡的鸭群……无处不让你留下对生命可爱的感叹。看着长卷，我步入了对生命长河的追忆……

人生，在每处荒芜的渡口能停留驻足、值得寻味的又有几回？秋已半，世事人情再不是走过的曾经。磕磕绊绊的旅途只留下足印，回首所经历的惊心动魄，零乱无章的喜、怒、哀、乐都属于自己回忆的珍藏。路还有多远？渡口还有几处？默然不问，只因“结发为夫妻，白首不相离”。

論劍
金庸
栏

第四章

1. 相濡以沫

1.1 行履沧桑 挑灯依旧

2010年5月，百钧的学生开车去秦皇岛游玩。一路上我非常兴奋，20世纪50年代，妈妈曾经在那里工作和生活。站在长城源头“老龙头”，感到祖先修建长城的工程之浩繁。在孟姜女哭倒长城的原址，突感心境繁乱，小时候妈妈讲的故事浮现。带着替妈妈寻迹的心情找到了她当年工作过的山海关第一中学。虽然这里“人已各，今非昨”， 但这座教会建筑风格的学校风韵犹在。

回北京几天后，我和百钧去上海参观世界博览会。带着我写的《心路》一书，每参观一个展厅，就在书页盖上该厅的馆印。心中想的是要和妈妈一起看世界博览会，看昌盛的中国。在上海，我们还寻找到妈妈的母校圣约翰大学。我举起《心路》中妈妈的相片，让她看看曾经为了实现共产主义理想而宣誓、奋斗并留下足迹的学校。妈妈的人生路非常坎坷，但是不愧为时代女性的楷模。

这年，百钧受中国美术家协会委派，第四次为全国美术作品展览当评委。7月，应中国美协和中宣部之邀参加“红色之旅”。从湖南长沙出发，到韶山、西柏坡等地参观采风。途中，富有形式美感的木瓜树叶，引起百钧对家园的无限怀想，回来后绘画了“木瓜王”。以南方植物木瓜树为主题，片片反

寻访妈妈母校上海圣约翰大学校园

扣的木瓜叶，衬托出经历风霜酷暑洗刷后的累累果实。几只母鸡悠闲自得，颇有韵律感地蹲在棚架上，农家小景呈现在画面上。该画虽然来自大自然的实景，下笔时却并非对自然的简单摹写，而是“思与神合”，将主观的“思”与客观物体“神”结合，主客合一。采用先泼墨再层层渲染之法，不离法度，又忘乎法度，使其放逸。

12月，经中国美协推荐、中宣部挑选，百钧为中宣部新建大楼绘画一幅400cm×160cm的工笔大画，名为《溢远清香》：盛开荷花的荷塘中，两只白鹭喃喃细语，一派清雅脱俗的意境。该画用丰腴的笔法，饱满的构图，饱和的颜色反复渲染，局部用“渍色撞粉”及“点墨破色”法，表现生长旺盛的荷塘中纯洁的白鹭优闲自得，以喻圣洁清明、升平共乐的繁盛景象。

随后，山东省委宾馆会议厅请百钧画一幅820cm×295cm、比人民大会堂的《凤凰花木图》更大的画，名为《和谐家园》。儿子笑语：“别人当领导越当越大，老爸的工笔画越画越大。”我们淡然而笑。百钧确实没有当领导的命，他太直率了。但上天给了他理想和实现理想的才华，在颠沛的人生旅途中，他以真诚、正直、不屈不挠的性格在绵绵的生命时光中，自美自愉地绘画出一张张作品，为时代留下一幅幅艺术瑰宝。这幅《和谐家园》还是要求以孔雀为题材。百钧认为山东是海岸线最长的省份，远景画海恰到好处。这幅大画，线条是骨架很重要，一处败笔或塌笔，整幅画就没力量了，必须认真勾线。他根据不同的物体勾勒出不同意味的线条：石头线条松放皴擦有度，花卉线条轻柔，树干线条老辣，孔雀羽毛和身体的线条柔中带刚，每根线条都绽放出本质的生命力。这画实在太大了，画桌摆不开，只能画一段，收卷一段慢慢挪着来勾线。这需要有相当的功力，否则前后、上下不容易协调。有了上次画孔雀的经验，他不急不躁，把握住内外相生、形神相融的情态，由孔雀的表象深入进去，达到笔意纵横、气韵生动的效果。

《凤凰花木图》 310cm×550cm 纸本 2009年 悬挂于人民大会堂金色大厅

2011年1月，百钧与研究生相约去哈尔滨看冰雕，我的生日刚过就出发。听说哈尔滨很冷，我们带了很多御寒的衣物。快下火车已是深夜，我把羽绒衣裤、毛衣裤、棉衣全穿上，结果还没走出车站，已满身大汗。接车的人莫名其妙，还以为南方来的客人比他们地道的东北人还耐寒。岂不知我确实穿得过多了，结果焐出一身汗，还头疼。哈尔滨确实很冷，在街上多站一会儿就寒气入骨，真个天寒地冻。到了哈尔滨，我们领略了“冰雕”与“雪雕”公园的不同风韵。最开心的是去“雪乡”，离哈尔滨有四百多千米的路程，那里的雪绵绵、白白、厚厚，踩上去没有“吱嚓，吱嚓”的响声，只有软软的感觉。屋顶上厚厚的积雪像涂上了一层一层白白的奶油，却又掉不下来。听当地人说，因为西伯利亚的冷空气和太平洋的暖气流在山窝里回旋，所以这里整个冬天几乎都下雪。

早上五点我们坐上“雪坦克”上山去看日出，结果下雪了天空朦胧一片，没看到日出，却领略了皑皑白雪中大森林的风采。寒风凛凛，积雪深至大腿，一脚踩下去要另一人拉着才能走出，真刺激！我们很激动，不停地取景拍摄。在雪地上走我没经验，没走大道，不小心让埋在雪地底下的小树头绊倒，扭伤了腿。又疼又冷，快受不了啦，而百钧还兴奋地到处跑。学生轮流跟着他奔，都说苏老师一看见入画的对象就两眼发光忘却一切。

从东北回北京的第二天，我们赶赴广州乔迁新居。新房子坐落在珠江边，每天看着轮船过眼云烟般地驶过，留下长长的水浪，心中无限感慨：生命，恰如那小舟，水中漂荡，安稳前

哈尔滨留影

行，有时又左右摇晃……在安逸的新家住了一个月，要开学了，我和百钧又急急赶回北京。

一眨眼，百钧六十岁了，几位学生特意从外地赶来为他做生日，心里很感动。天地间最难得的是真情，最可贵的也是真情，最动人的还是真情！

早在广州美术学院工作时，百钧就想画以羊为主题的画，一直没动手，皆因广东所见的是山羊，也难得看见群羊。尽管心中爱羊，想画，还是迟迟没找到创作的契合点，他在作品《拒霜》中曾画过几只见首不见尾的羊作补景，却没达到画群羊的畅然。

与学生去秦皇岛的途中，曾见一群绵羊在斜阳照耀下优哉游哉地漫步，绝美的景象立即印入百钧的脑海，可惜当时急于赶路，来不及收集素材，只留下一闪之念，回来后一直给我念叨。几天后，去京东十度郊游，在公路旁清澈的小溪对面，嶙峋的山道下，一群羊悠然而行。百钧激动地说："这就是我要画的羊。"可惜隔着溪水不能近距离观察，百钧还是沿着溪边追随着羊走了一段路。有羊必有圈，为了能近距离观察羊的各种姿态，我们驱车寻找。在一个村落旁找到了一排羊圈。圈中，两只顽皮的羊，互对顶角嬉戏，很有节奏感地一、二顶两下双双蹦起，又顶两下又蹦起，这种友善游戏、舞蹈般的动态，呈现了"羊"——"祥"的寓意，逗得我们哈哈直乐。可爱的小羊羔，颠簸趣致地步随母羊，形影不离，还有一只羊蹿到椅子上，饰演威武的指挥官。百钧耐心地观看，并一一记下。6月，百钧去内蒙古当评委，在辽阔的大草原上浩荡的羊群再次令他激动，可惜当时留影的照片不小心丢失了。8月，随中国美术家协会组织的"红色之旅"采风团途经湖南时，一群羊促使百钧要求司机停车观看：山坡上，一片绿草、庄稼，整齐的木栏栅横搭羊圈，满坡白羊、点点索索，山川幽逸，脱尽人间烟火的温纯甘美展现眼前！激动的百钧对同行们许下诺言：两年内，我一定要画一幅"羊"作品。可爱的羊群吸引着百钧不断揿动相机快门。

与学生去东北看雪时，白皑皑的雪地上一群白羊悠悠而至。学生冷得直搓手跺脚，百钧却兴致勃勃地观看羊用嘴拱开积雪啃吃草皮。这场景的意趣、从南到北收集的素材，使百钧要画“百羊长卷”的意念与日俱增。不断酝酿思考，刚起稿时，严重的鼻息肉弄得他呼吸不畅，只好住院手术摘除。出院后，百钧又动手整理每天牵念的“百羊”稿。可是精力不佳，只能画一两个小时就要休息，加上伤口的不适，令百钧烦躁，不停嘀咕这手术是调来北京付出的代价（来北方居住后，生活习惯和气候的改变，让百钧患上了严重的鼻炎）。人一辈子都不断地在高潮、低谷中徘徊，百钧也不例外。真担心他的身体。可百钧不顾一切没完没了地忙。一会儿忙画稿，一会儿忙画画。为此，我与百钧不时发生摩擦，我认为现在什么都不愁了，应该平静幽逸地安享晚年。而百钧却还要更上一层楼，要让所追求的艺术超越自己有限的生命。他认为与其蹉跎人生，不如战死沙场，要“为艺术而人生”。

艺术表现得动人，是从心灵的纯洁而来。当百钧执笔绘画“百羊图”时，他“注精以一之”，强烈的创作热情倾泻而出，心力集聚注其中。悠悠山野，迂回芦苇，羊群其乐无穷，麒麟怪石，依伴而居，祥云轻飘而至。画幅中悠扬无虑，小羊逗角、头羊领路，群羊在拐角处奔腾而至，对对羊角很有形式美感。羊圈中，羊儿有蹲，有斗，有的在觅食，形态各异，历历分明。一百八十八只羊演绎于萧散简远的树木山石中。笔意纵横，气象萧疏、生动，烟林清旷、浩渺，若离渐近，用皴、擦、染笔法点画云峰石迹。

给长卷起名时，我谓“百羊祥来图”，百钧道：“在中国的甲骨文字中‘羊’和吉祥的‘祥’同一字。在十二生肖中排第八，寓意‘吉祥’的羊成了人们喜爱的动物。且羊的温顺、可爱，更充满‘喜羊羊’之意，就称为《百羊云来图》。”

百钧创作的作品《绿帘》动笔是在三年前，运用“撞粉撞水”技法，画出条条枝叶后就搁在了一边。该怎样完善作品而取得“欲命物之意审”的效果？这让百钧犹豫不定，甚至想放

《绿帘》 218cm×148cm 绢本 2011年

弃了。忙完了一系列活儿后，静下心来看那半成品慢慢有了感觉，静能生慧。“绿帘”后的意象渐渐在胸中形成，随即画下了一排鹡鸟。那黑白的鸟没有打破绿叶的宁静，反而顺乎其景，增强了画面的视觉效果和内涵，耐人寻味。

《圆寂之二·向日葵》是去东北对雪景有新的感悟后，在上一幅《向日葵》的基础上所作的完善。那飘飘洒洒的雪花没有声音，萧然洒落，似乎在对干枯的向日葵行赞礼。修成正果的向日葵不肯倒下，数只羽燕赶来为其梳妆。功德完满的感觉占据了整幅画面。苦涩神奇而又充满沉思的幽邃的艺术意境，是画家在人格的最高境界中要求美与善的统一。我为该画题了几句：回首今非昨，点滴入隆冬；莫问前事，斜阳西去；季风依旧，零落繁华坠雪绒，天涯望尽；来去匆匆，羽燕苍茫送。

《春暖》作品，几片刚吐绿芽的蕹菜点燃了荒芜残塘的生机，闲和恬静。一对成鸭带着幼子在初春的芦塘上畅游，趣意缠绵。新的一年开始了，怎样步入生命的长河，在悠悠水中自有问答。该画泼墨作底，再细笔层层分染，很有春意盎然的意味。

8月24日傍晚，百钧正在整理他父亲的书，窗外下起大雨。百钧连忙取出前段时间在画的霸王花，边渲染边高兴地说：“这天气染这画最好，能有润的效果。”他染了一遍又一遍，到吃饭的时候兴奋劲还没过，唠叨说又想了一个新题材：要画初春绿叶抽芽的景象，还想好了配画鸽子。来北京后，每年春天，看见还挂着干枯果实的梧桐树又开始新发嫩芽，很有形式感，这种美感一直在百钧心中窜动。我期盼着他春意盎然的新作诞生。

2011年12月，学生在沧州举办个展，邀请我们参加开幕式。露天的会场气温在零下八摄氏度，主席台上有当地领导、收藏协会主席、学生学校的领导等。当主持人介绍苏百钧时，台下一片欢呼。百钧讲话后，又是一片欢呼和掌声。学生们拥挤着要百钧签名，也附带着要我签名。并告诉我百钧的画集他们都买了，我写的书他们也看了，百钧的白描书还是他们学校的临摹范本。没想到在北国的小城中还有这么多爱戴百钧的粉

《冬日·向日葵之二》 258cm×148cm 绢本 2010年

丝，令人兴奋、感动。多年来百钧为艺术付出的心血没白费，人们尊重的是能感动人的真正艺术。

人民大会堂再次邀请百钧为人大常委会议室绘画《和平颂》，画幅205cm×345cm。百钧本意是用大面积的黄鸡冠花为主题，营造金碧辉煌气氛。领导认为黄色太多，百钧随即添画绿叶和红西番莲盘于黄花上，旁边的牵牛花探头助兴，远处的南方植物招手致意，十七只鸽子拍翅而至，为这锦绣花海喝彩。好一幅《和平颂》，百钧把理想和寓意融于一体。该画采用“撞粉撞水”技法和渲染手法绘画。为了更真实地表现鸽子的形态，百钧弄来两只鸽子在家中饲养，仔细观察其动态、羽毛结构、飞翔姿势等，直到作品完成。只可惜阳台的植物让鸽子糟蹋得不成样子，让我心疼了好久。

12月，中央数码电视书画频道《艺术人生》邀请百钧做访谈节目，这节目是为下一步在该台授课作预告。走进录播室，高高的电视塔就在上面，每晚的电视信号从这里发射，心里特别激动。录像过程非常顺利，主持人问百钧家庭的教育和影响对于一个孩子有怎样的重要意义？百钧认为，孩子的第一课堂是家庭，第二课堂才是学校。培养孩子的观察力、想象力、审美力、创造力和表达能力对孩子的成长极为重要，孩子长大后无论干哪一行，对人、对事、对物都会有感情，有能力……主持人的十个问题，百钧答得很流畅、自然，效果不错，反响也很好。播出后，许多电话询问百钧的工笔花鸟课程什么时候播放。

1.2 日月静美 艺海无涯

2012年1月18日早上，突然接到作家协会电话，告知我被批准为广州作家协会会员，并通知我2月12日参加作家协会会议，并领取会员证。当时一听懵了，说不出是喜还是惊。之前非常羡慕百钧和儿子，都是美术家协会会员。羡慕他们的绘画事业能得到肯定。现在，年过半百的我，终于有协会接纳了。努力了几年，不经意也有了“家”的感觉。但是，我很明白自

石钧画

《和平颂》 205cm × 345cm　纸本　2011年（悬挂于人民大会堂常委会议室）

己的斤两，文化程度虽是初二，其实小学五年级碰上“文化大革命”停课了。接着，上山下乡全家去了农村。回城后，虽读了幼儿师范学校，但这样的文化底蕴，能撑起“作家”的称号吗？我赶紧捧起自己写的文章重读，也挺感动的。还真庆幸自己一直待在母亲身边，她是上世纪40年代初期毕业的大学生，一直以言传身教的方法教育我。妈妈的教育和上苍赋予了我灵感，今天终于出成果了。感谢上苍，感谢妈妈！以前总怕别人提学业，怕填表上的文化程度，现在我也成“家”了，很激动，真想去母亲的陵墓前告慰妈妈。

2012年3月，我们从广州回北京后就忙着去中央数码电视台录“苏百钧工笔花鸟画教学”讲座，一共32集，每天录两集。开始真有点不习惯，特别是录第一集的时候，跟工作人员没磨合好，要求百钧三节课全讲课，以后的课再示范。结果在强烈的聚光灯照射下，连续讲了三个多小时，累得百钧下来后不愿说话。后来，百钧把自己授课的安排和目的与电视台领导沟通，采纳了每节课先讲宋画欣赏，然后介绍他作品的创作过程与意图，再作示范。百钧从选纸、绷框、胶矾的用法、颜料的用法等方面作了简单介绍，还讲了欣赏、临摹、白描、写生、创作的目的和重要性，并且作示范绘画。百钧认为宋画欣赏非常重要，是临摹课的重要一步。品读经典作品，与古人对话能养心增智，提高眼光，裨益画意。这次讲课，是百钧多年来教学、创作、绘画经验和理念的浓缩，希望播出后，能让学子有所收益。

多年前，百钧就想去西藏旅游。可我一直担心身体受不了而不让去。5月在朋友的游说下动心了，与百钧一起从北京到成都再转机去西藏林芝。提前一个小时去取登机牌拿到了机舱左边的位置。飞行途中的风景太美了，茫茫云海，静静雪峰连绵交替，变幻无穷，飞机似乎是贴着山巅而行。在降落时，穿越看不清左右的皑皑云雾，最后停落在四面环山、只有一条峡谷通达的小机场上，飞行员高超的技术让我们悬着的心终于放

百钧在西藏

下。兴高采烈地步下飞机后，一会儿就感到呼吸有点困难，我们互相提醒着要走路“慢”，说话“慢”，动作“慢”。

西藏的林芝真不愧“小江南”之称，山清水秀，绿树浓荫，茂密的原始森林神秘莫测。那里的黄牡丹更令我们激动不已。它没有雍容华贵的仪态却是真牡丹的枝叶，花单瓣、剔透，非常淳朴。这花生长在嶙峋的山沟中，依雪山为伴，听“雅鲁江”江水鸣唱,迎着嗖嗖山风傲然挺立，令人动容。我们还驱车游历了大峡谷。

2012年6月21日，回京后没多久，跟随我们三十多年的宠物乌龟“老嘢”去世了，心里很不是滋味。从南到北它给了我们不少欢乐，初春时，它还为我表演“迪士高”，而最终还是逃不出终老归去。“老嘢”走了，无声无息地离去，看着它的空壳我无语……

二十年前，百钧创作了《涟漪》，用蓝调绘画的水纹，很有动感。该画展出后争议很大，有人说形式感强，手法新颖，有人说太真。二十年后百钧又画了《涟漪之二》，依然是画水纹。圈圈绿调的水纹，配上体态优雅的天鹅，富有诗意。问百钧为何再画水纹？答：人生征途宛如滔滔不竭的流水，多少挫折、痛苦、失意、迂回的路，像涟漪，散了又结，结了又散，层层叠叠。水鸟随波逐浪，天鹅掌踏清波嬉戏其间，这就是生活的写照。

2012年7月7日，儿子博士研究生毕业了，我们参加了他的毕业典礼。走进礼堂，穿上毕业礼服的博士、硕士生们喜气洋洋，每张笑脸都洋溢着幸福。儿子经过了二十三年的寒窗生活终于拿到了最高学位证书，完成了我们的心愿。当儿子上台受礼时，感到我们也毕业了，终于完成了养儿育儿的重任。今后的路他自己去走。相信儿子会凭着他的学识、胆量，走出灿烂人生！我忍不住热泪盈眶。

给乌龟洗澡

《涟漪》 46cm×175cm 绢本 1991年

《涟漪之二》 183cm × 148cm 绢本 2011年

2012年儿子苏睿博士生毕业

1.3 天籁牧歌，缠云绕魂

7月下旬，应朋友邀请去内蒙古东北部旅游。我们在通辽下飞机，参加霍林举办的集体婚礼节，游历了科尔沁草原、阿尔山等。内蒙古朋友的热情款待令我们大为吃惊，朋友念诵他专门创作的诗《一只鸟儿的天空》让我们陶醉。每到一处，敬酒、献哈达、载歌载舞。还真正了解了蒙古族的民歌、长调、呼麦的区分和含义。在短短的七天里，欢乐、惊喜连绵不断，辽阔的草原、神奇的火山口带给了我们人文风情和地貌风景的美妙享受。

内蒙古回来两天后，我们应邀请赶到长沙参加“湖南省工笔画会”成立大会。湖南的文化底蕴深厚，先人们创造了令人骄傲的历史，战国的帛画、西汉漆器都在这里诞生，艺术的传统源远流长。当今，艺术创作活跃繁荣，上个世纪“湖南工笔画现象”曾经享誉全国，在工笔画领域享有举足轻重的地位。在长沙，我们观看了每周六举办的烟火晚会。隔江近距离看烟花特别精彩，烟炮腾空而起，五彩缤纷、璀璨散落、轮番变换的图形引起阵阵赞叹。江水倒映着烟花，远处飘来盏盏孔明灯，神秘虚幻，更增添了喜庆。接着，我们前往衡山旅游。

8月刚入秋的一天，我和百钧心血来潮跑到部队里去学开车，目的不是拿驾驶证，只是想亲身体验自己开车的感受。我们学开的第一辆车是大卡车，听完教练介绍几个脚踏中“离合器”“油门”“刹车”的用途、使用方法，就蠢蠢欲试。坐在高高的驾驶位上有一种威风感，当车开动时既兴奋又紧张。卡车的方向盘很沉，教练不时提醒各种要领，可还是脚不由己地用力过快或过急，不是死火就是急刹。不过绕了几圈后“技术”有所提高。我在学车时，百钧拿着相机去拍鸡、鸭、鹅，找画画素材。换百钧开大车时，我又急不可待地去学开小车。第二天，我和百钧依然兴致勃勃地去学车，拨弄了一上午，累得筋疲力尽。下午，我们要求都开小车，走S路、绕8字，蛮有兴致。傍晚，百钧急着回家，“学车”只好到此结束。真有点依依不舍，但心里很明白，毕竟已上年龄了，要真正熟练驾驶技术，非得时日。而且我们对车的需求也不大，还是过现在的生活更实际。

都说人体需要叶绿素，多吃绿叶菜好。来北京以后，买青叶菜不大方便，这成了我们最头疼的事。某天，学生送来一盆不知名的植物，告知我这植物每天生吃三片叶子能降血脂。这植物长得很快，百钧用绳子把它牵引往上，没多久遮盖了半个阳台。钟点工告诉我这植物在她们家乡叫“旺血菜”，产妇也可以吃，并教我煮吃的方法。后来又得知这种菜的学名叫“白子菜”，能治百日咳。百钧听后赶紧多种了几盆，另外还种了三种其他菜。这下子解决了吃青叶菜的难题。而且这种菜在我们家一年四季都非常茂盛。每天我煮饭，百钧就去阳台摘菜，既方便又有乐趣。

9月3号开学了，百钧穿戴整齐就往学校赶。本想，我们都退休了，可以随时出外旅游。可工笔重彩画会要开办研修班筹活动经费，请百钧当教学主持。以前也有人及学校请百钧办班收徒授课，百钧怕费时间影响画画，便一一推挡。而且办班“风险”很大，容易招人误会。这次为了给重彩画会筹集经费他同意了，至于得失成败他全置之度外，只求竭尽所能，无愧于心。本来计划招生30人，结果招生简章一出，竟有150多人报名。最后招了63人开了四个班，还经常有学生要求插班。如此火爆的情景真意想不到，希望这个班不负众望。上午开学典礼后，应中国美协之邀，百钧又匆匆赶往沧州当“2012中国工笔画大展”的评委。

2012年9月22日，《苏百钧工笔画教学》32集在中央数码电视书画频道首播了，尽管我已经可以背出内容，可还是看了首播和重播。从百钧录《文心纹情》访谈片开始到三十二集的拍摄，我都陪着百钧去录音棚聆听他的每节讲课。电视台每剪辑好一集就寄过来让我过目修改字幕的错漏字。这历时十个多月的工作也附注了我不少心血，忙忙碌碌中，很累，也很开心。百钧退休了，这个讲学节目也算是对他二十五年教学的一个总结吧。

10月6日，应朋友之邀，我们一家再踏草原去内蒙古西北部看胡杨，这次旅行的第一站是早上在呼和浩特下飞机，晚上坐火车直奔阿拉善。在火车上能看见外景时天已蒙蒙亮了，一望无际的戈壁中，偶尔几丛植物，吸引着我们的视线，不断看着窗外猎奇搜索心目中的“新大陆”。因为没见过胡杨，一下火车忙问司机胡杨的“尊容”。下午前往额济纳的大漠天池——居延海。没想到这里还有海，更可叹的是干枯了十年之久的东居延海还能“秋水共长天一色”。回途中一棵高达27米的胡杨神树吸引了我们，这是棵具有神奇色彩的神树，“一树三叶”，树底下长出的叶子是柳叶，树中段长得像梧桐叶，树冠长得像杨树叶。旁边又蘖生出五棵粗壮的胡杨“子孙”，这庞大的家族屹立在沙漠中，颇为壮观。第三天清晨，我们冒着寒风爬上阿拉善沙漠的沙丘上看日出。十月的沙漠清晨真冷，沙子劈头盖脸打来真不好受。旭日缓缓升起时，却又看到普照大地的雄浑壮美。早饭过后，终于看到了胡杨林，浅黄、深

和学生去故宫看展览

黄、金黄，斑斓多彩，宛如潮汐，像金色海洋在蓝天白云下，美轮美奂。我们疯狂了，挺住寒风拿着相机穿梭于沙脊间，捕捉不时变幻的每一寸“黄”。接着，我们还去了神秘的黑城和闻名已久的怪树林。怪树林全是悲惨的枯木，难以名状的各种姿态给心灵难以言说的压抑。匆匆几天回呼和浩特后本意回京，热情的朋友继续邀我们去内蒙古东北部看红枫。上次到草原时，在车上领略过“绿”枫的姿采，念念难忘，便欣然前往。飞机再次在通辽机场降落，短短两个多月再踏这片曾让我动容的土地，无限欢喜。本以为就只有上次车上看到的坡林草原中的枫树，没想到朋友把我们带到“乌丹林场”，漫山遍野的红枫再次给我们惊喜。忘了荆棘，忘了荒野，忘情地满山跑，追逐野性的“艳红”。朋友为了圆我们的心愿，又驱车带我们跑到一百多千米外的“代钦塔拉沙地五角枫”自然保护区去看疏林草原中的枫树。虽然同是枫树，这里的枫树显得高贵典雅，似是穿着短裙的含羞少女玉立草地。红彤彤的五角叶子上空蓝天白云，婀娜的树干旁白羊穿过，真让人流连忘返。草原人的热情、能歌善舞，还有草原的戈壁、草原的沙漠、草原的星星、可爱的胡杨、美丽的红枫叶等，再一次在我们心中刻下神奇与难忘。

两次内蒙古之行留下难以忘怀的惊喜和印象，回来后我们一直沉浸在幸福的回忆中，无论是风土人情还是景色地貌都多姿多彩。百钧回广州后闭门谢客，在激动中创作了一幅45cm×845cm的以科尔沁草原为题材的长卷，名为《霍林河源图》。该画从我们坐车所见的景色起首，蒙蒙景色正是高速行驶时留下的印象，一晃而过的树影、草地，恰如其时其景。往前走，开阔的草原中一条蜿蜒的河流中黑白、赭白相间的西门达尔牛蹚水而行，咫尺之间，夺千里之趣。远处云林清旷，气象萧疏，草原连天，天际无边，真有点“飘渺营丘水墨仙，浮云出没有无间”的感觉。再往前，大树盘根，栅栏连接，牛群安然。一行杂树过后，磐石连天，“独与天地精神来往”中，坡地草原了然可见，我行我素的牛群依旧安然自得，游逛天底。百钧以横逸奔放的感情，以笔墨传神，表达出对草原的挚爱。我为该画写了几句：“辽阔的科尔沁牧草青青，静静的霍林河低语诉倾。六十年一遇的雨水，催醒万物生灵，连接蓝天碧草的呼麦天籁引来百鸟彩云，马头琴伴随西门达尔牛天边游历……”其间，百钧还完成了作品《暇日》。

出于对故乡人心果的挚爱，前几年叫儿子从广州空运了一棵人心果树来北京家阳台种植。因为气候的关系，也没有露水滋润，虽然能稀疏结果，但是果很小。本来想，果小也罢，要的是情结，所以一直精心照料。可是，几年来果树总是生虫，无论我们怎么喷药、捉虫，还是蚜虫满枝。今年夏天，百钧和儿子把它搬移，植到楼下小区院子后，它长势良好，我们经常散步去看看，以慰爱恋之情。百钧常唠叨着怎么保护它过冬，是又移植回来，还是原地围裹？纠结不定。深秋时，突然来了一场比往年都早到的雨夹雪，加上寒风吹刮，百钧整夜不安，第二天冒着雨雪，跑下楼把果树围裹了。其实，我们在小区的

《暇日》 220cm×150cm　绢本　2012年

院子里也种了葡萄和几棵苹果树，只是那些都是北方树种，能耐寒。而对这棵情有独钟的南方树种却有说不尽的情怀，但愿明年开春它依然郁郁葱葱。

12月28日，百钧和我应“2012年厦门全国工笔画双年（邀请）展”组委会之邀赴厦门参加展览开幕式。北京时值隆冬，冰雪寒冽，到了厦门却温暖如春。一走下飞机，似乎又回到养育我成长的广州，空气湿润清新，植物郁郁葱葱，高楼林立，商铺兴旺，热闹非凡。三十多年前，我们曾来过这座城市，如今，经历了天翻地覆的变化后已焕然一新，只有那传奇的鼓浪屿小岛还屹立在水的中央。它吸引着我们再次浏览，然而却难以找回当年的宁静清幽。上岛后，我们与旅游路线“背道而驰”，走过郑成功塑像，流连于似曾相识的街巷。在青石板深处的一座房子前，突然感觉它像我小时候居住过的外公祖屋菊苑。花园的大门“八”字敞开，幽深鱼池，回曲长廊，瓦鼓形的围栏下是我们小时候玩“跳格”的石板……光阴已逝，一去不返，路在脚下，继续前行。在斜斜的坡道上，我们进了“百鸟园”。这里的鸟真多，品种各异，羽色缤纷，千姿百态。“向导”直催着去吃饭，可我们还是忙于拍照，拍到相机没电方才罢休。虽然故地重游，而热闹的鼓浪屿、美丽的植物园、华丽的集美学府……再次让我们对厦门这座海港城留下了难以忘怀的深刻印象。

2013年1月5日，我打开电脑，随意翻阅广东省作家协会网，在2012年新会员名单中发现有我的名字，异常兴奋，按捺不住急忙打电话到市作家协会询问，证实我被批准为广东省作家协会会员。顷刻间，千头万绪一涌而出。深悟：人生的意义在于每个年龄段都有新追求：少年时我想当舞蹈家，时常享受在舞台上的快乐时光；青年时我想有美满幸福的生活，每天奔劳于工作和家庭；壮年时我想无愧于生命，挖空心思留下生命中的点滴回忆……走过年岁后，终于明白，人生的幸福在于自己所追求的得以实现，这就是生命的价值。两天后是我的生日，几年的辛勤笔耕我为自己送上珍贵的生日礼物，也告慰母亲在天之灵。能加入省级的作家协会对我而言意义非凡，并非是为虚名，而是为证明，证明付出必有收获。十五岁辍学，随母亲和弟弟下放农村，放牛、种田、上山砍柴……经历了坎坷的生活磨练。母亲不断用“铁棒磨成针”“人过留名，雁过留声”等典故潜心教化。因此从不敢懈怠，怕虚度年华。在五十知天命的岁月中，硬用心血泣出了走过的“历程”。有时感觉很累，却又很充实。经常会问自己为的是什么？心灵深处的答案是：证明。一半证明母亲教育的成功，一半证明我内心不服输的强大。今后的愿望是“时间”，是有作为的生命时间。

2013年春节期间，我们与亲家结伴前往东南亚的文莱、马来西亚旅游。文莱国家很小却美丽，我们只住了一晚，第二天下午坐飞机前往马来西亚的沙巴。在沙巴依稀感觉到这里离外公当年漂洋过海闯荡创业的“山打根”不远，忍不住向导游打听，还有六小时车程。只可惜因为随团，不能私自驱车前往。沙巴很热，蚊子很多，四周环境像上世纪七八十年代的广州。在这里呆了几天后，从心底敬佩外公当年能离乡别井，在这里打开一片天地。我从来没见过外公，却从小就听说外公在南洋打工，赚了钱就买地种植橡胶，后来他的整座橡胶园的规模很大，需要驱车跑两小时。还建了“泰隆”商行，至今马来西亚的旅游书籍中还记载着该商行为华人关雨亭建造。后来回广州置业，再后来有了我们的今天。

在沙巴的马穆迪岛，百钧四处游逛，寻找绘画素材。在游人稀少的礁石与沙滩间，他用相机抓拍到一条巨蜥，这巨蜥的长度比人还高。真羡慕他总是能抓紧时间，去寻找别人难以寻觅的东西。而我只知道游玩。

在马穆迪岛，我们下海游泳，突然有鱼啄脚，吓得惊叫。透过湛蓝的海水看见小鱼很美，却爱亲吻人体，还留下吻印。我借助泳镜看见水下的珊瑚五颜六色，大小不一，凹凸不平，非常美丽，一不小心，还被割手碰脚。因为没有氧气袋，我只能一口气潜下水抚摸着珊瑚边游边看，没气了又浮出水面换气，所以不能游离岸边太远。第一次能在游泳中看见珊瑚还与五彩鱼群为伴，异常兴奋，不停地追逐鱼群观看珊瑚，久久不愿上岸。自己快六十了，能在大海游泳的机会不多，说不准这就是最后一次。我仰卧水面看着长空，默默感谢母亲教会我游泳，能尽情享受水中的快乐！

旅游回程中，我们在香港逗留了三晚，最难忘的是乘坐丽星邮轮出公海。这艘十一层高、非常庞大的华丽邮轮，里面饮食、娱乐，应有尽有。我们登上高层的甲板观赏香港夜景，享受“乘风破浪”的感觉。我问百钧这次出国旅游有何感想，百钧不经思索地回答：最大的感慨是马来西亚与新加坡同在一个岛屿，但是两个国家的差异却是如此之大。这说明国家领导人的重要性。一个国家该如何发展？国家领导人的见识、魄力决定了国家的命运。同样，对于一个家庭而言，一家之主的作用也不可小视。作为一个男人要有所担当，为家庭谋幸福，起到脊梁作用，要扛得起放得下……

这个假期过得真快！也十分有意义，百钧抓紧时间完成了从北京带回的长卷初稿《锦林秋霜图》，这幅画归纳了我们去内蒙古西部看胡杨后又跑到东北部看“五角枫”这一难忘的历程，又是一幅以内蒙古牧区为主题的长卷画。在创作中，百钧以性情驾驭技巧，笔意纵横，从霍林河的夕照开始，马群嬉戏，灌木成林。阿拉善的羊群随着夕阳余辉追赶胡杨的绚丽。牛群在“五角枫”丛林迈步，骆驼穿行于沙漠中的怪树林……整幅画刻画了内蒙古牧区的场景，把大自然的枯荣兴衰表现了出来。咫尺之间，有千里之趣，表现了画家对生活的超然独往，不为尘世所羁绊。

2013年3月，应书画频道之邀，我和百钧去海南省参加“书画频道进万家——走进三亚”活动。我们乘坐的飞机到了三亚的上空，俯冲向大海徐徐下降，真有点吓人，而后又慢慢左拐停靠在机场跑道上，原来三亚机场建在海边。下飞机后没有太多的惊喜，感觉三亚的大环境与马来西亚差不多，树木类似，都是亚热带气候的植物。天气有点闷热。第二天，我们参加了“走进三亚”画展开幕式，观看了文艺演出。接下的两天活动是走进农村、参观学校，还有坐游船出海。最高兴的是，这次活动书画频道送给当地的礼物是百钧在书画频道讲课的光盘。很多同行在电视上看过百钧讲课，对他很尊重，我们也认识了多位新朋友。活动结束后我们回广州扫墓。

5月17日，我和百钧应中国文联之邀前往南京参加“梅花赋——中国当代著名画家主题作品邀请展”开幕式，同去的画家有20多人。我们是坐动车前往南京的，高铁的头等舱非常舒服，随意调节的椅子、每椅中配置的电视、周到的服务，可谓旅途中的舒适享受。画展的开幕式没有剪彩环节，却也颇为隆重，除了有声望极高的艺术家们，也有粉丝万千的歌唱家和播音员，他们都展出了自己的“杰作”。有些观众认出了曾在电视上讲课的百钧，争相要在百钧的作品《罗岗赏梅》前与他合影，还要签名，很是热闹。在二楼的“第四届全国中国画展”展厅中，也展出了儿子的一张作品《敬老院的护工》。

南京给我的感觉阴气很重，唯独满城盛开的白玉兰花生气盎然。来南京前，百钧正准备画白玉兰，看见这满城盛开的花激动不已，嚷嚷着要在高架桥上下车去拍那棵造型独特的白玉兰树。第一天车路过时我阻止了，第二天百钧非要司机按着印象中的方向去寻找那棵树，真让他找着了。司机经不住百钧要求，靠边停车，以为他站在车门口就拍几张相而已，谁知百钧兴来，沿着高架桥路边追逐那棵白玉兰的丰姿拍摄，全然不顾车水马龙般的车流。我随即下车追着他跑，并不停地吼叫他回车上，太危险了。他全然不顾，直往前走，还叫我别生气。被我拽上车后，他又要司机拐到桥下细看那棵白玉兰树，我们还没下车，他已翻过栅栏，跑到白玉兰树下了。这棵树的造型的确很美，而百钧忘乎所以的执着也令人哭笑不得。

结束了南京之行后，我和百钧在一位老总和学生的陪同下又前往徐州游玩。阳光灿烂的徐州火辣辣地热。在徐州师范大学艺术系主任的安排下，百钧前往“花鸟画的欣赏与创作”作讲座。会堂上座无虚席，学生们随着百钧讲课时屏幕上画面的转换，不时发出赞叹声，学生们的热情也令我激动。

《野岗赏梅》 102cm×64cm 纸本 2013年

日子一天天过，我和百钧不经意已携手走过了三十多个春秋。在忙忙碌碌的岁月中，很多事情都忘掉了，然而对百钧的每一幅作品从构思到完成都刻骨铭心，还留下了一些生活的印记。这些都值得我们去回味，去追忆。百钧用勇气、胆识和力量，选择了各种途径、技法，把内心的一切毫无保留地表现在他的画面上，把自己认定的生活目标锁定在作品中，用坦率、真情、挚爱创作一幅幅作品。这就是一个艺术家——真正的画家所取得的成就！也是我最大的欣慰！

6月7号，我和百钧应邀再次赴海南参加“琼州热带雨林画院成立暨画展”开幕式。画展在海口博物馆展出，没有隆重的剪彩仪式，恰如那海南当地画家的作品，以热带雨林为题材，静静深情。百钧被聘为现代工笔画院名誉院长，带了两幅作品参展。在座谈会上百钧发言，赞扬画家们的画来源于本土写生，生活气息浓郁，立足坚定……期望画家们在写生的基础上，再度升华为有个人面貌的画风，将热带雨林给人们的巨大感染力和精神享受充分表达。

随后，我们前往三亚琼州大学，百钧给艺术系的学生们讲课。接下来的几天，朋友开车前往位于海南东线的尖峰岭。一位承包尖峰岭某个山头的老总带路，送我们到达他承包的地方，就回走了。我们和当地的画家顺着山道前行，山道全铺了木板，很好走，不感觉累。一棵几人拉手围抱不住的板根树下，我们钻进它的根部所形成的树洞中，充满好奇地探究它的神秘。突然，雾气四起，若隐若现的树木，奇幻无穷，像薄纱在我们眼前飘拂，一会儿挡住眼前的藤蔓，一会儿遮盖参天大树。正惊讶，一束霞光斜插树林深处，扑朔迷离，让我们狂喜不已。抬头一看，一棵树上悬挂着三棵如脸盆大的寄生蕨。山崖边藤蔓缠石，一处处美景和一程程奇观，引得我们驻足观赏。不知不觉走完栈道，回到平岭，同伴看见猪，大喊“猪母，猪母”，逗得我们乐不可支，这倒置语言是海南方言的一大特色。细想在广州方言里，也有很多类似的倒置语句。例如：走先（先走），花开（开花），等等。我由此联想到自己

我们夫妇和海南美协主席陈茂叶夫妇

的文章里总会掺杂倒置语句，不知不觉中用口语写文章，定会让人费解不已，今后一定要多加注意。

第二天，我们继续沿着东线去霸王岭，这是早有耳闻的热带雨林。这里规划得非常好，住宿条件也不错，景点颇为集中。密林中，参天大树奇形怪状，老藤缠蔓息息相连。还有许多奇花异果，让我们解馋。莫可名状的“龟背叶”比人还高，雨水打在叶上滴答滴答，增添了雨林的神秘和情趣。漫山遍野的黄花，像拽满了铜铃，一串串的山芭蕉，有红有绿，惹人赏。三天后，我们回到海口市，在海南美协主席的陪同下，我们游历了红树林和椰树林。夕阳倒映在水里，我们站在弯弯的栈道上看到太阳在水天相连中交相辉映。红树林的倒影，太阳的余晖，这是夕阳西下的神奇美景。

第二天，我们继续追寻红树林的踪迹，红树品种繁多，甚是美丽。在另一片红树林里，我们顺着栈道从红树林中穿过。丛林中，有海水退后露出的红树根部，奇形怪状。板根、竖根交替生长，冒出尖尖的树芽整齐排列，千姿百态，很有形式美感。偶见树上果实掉下直插泥土，衍生繁殖，代代不息。涨潮后，婀娜多姿的红树倒映在海水中，又是另一番美景。回途中，我们走进一片片椰树林，颇为壮观。听说不管台风多大，椰树左右摇摆，也不会倒下，不屈的性格是海岛的写照。海边上，人们在两树间拉上网兜，躺在其中摇晃憩息，别具亚热带风情。摆放成堆的棵棵椰苗，破椰壳而长，联想到百钧父亲画的《椰苗益鸟》，感慨万千。这趟我们从海口出发，驾车东线起行，绕着岛屿，再从西线回走，沿着海南跑了一圈，大体品读了海南风貌，再加一路品尝海南特产，深切了解了宝岛的地

2013年，百钧带学生到海南岛写生合影

貌风情。为大自然的神奇，为这片海疆土地的魅力，我深深敬礼。

回北京几天后，百钧接到中国美协电话，前往昆明参加“七彩云南——中国美术作品展”采风团活动。这次采风途经红河州、元阳哈尼梯田、河口县、蒙自县，还有屏边大围山等。

6月22日，百钧主持的重彩画会研修班结业了，并举办了汇报展览。展览效果非常好，学员们经过一年的学习，画业普遍有所提高。我看了展览后也非常激动，没想到学员们的进步如此之大，真为他们高兴，也为百钧辛勤付出终有回报感到兴奋。这一年来，我一直为他担心，这六十五位学员的研修班可谓庞大，各方面都要处理好，管理周到，更重要的是学员们都能学到东西。终于结业了，学员们都对百钧赞不绝口，称他为“神”，都说没办法画下去的画经百钧指点，总能找到方向。我为百钧自豪。

7月，百钧被中国美术家协会聘为“吉祥草原·丹青鹿城——全国中国画作品展”评审委员，分别在北京和内蒙古包头参加初评和终评工作。江西美术出版社出版了《苏百钧·意韵》。8月京城闷热，我们应朋友之邀，再次前往内蒙古旅游。飞机在赤峰市降落，热情的朋友献上哈达和美酒，随着歌声激情再起。三进内蒙古，原以为就是再看草原，与朋友相聚而已，没想到朋友又给我们新的惊喜。带我们走进了贡格尔草原，在蓝天白云下，经过西拉沐林河，游历了阿斯哈图石林和克什克腾地质公园。我们还去了达里湖，经过砧子火山口，还到了达里诺尔国家自然保护区，寻看世界最窄的耗莱河，登上了美丽的大青山。没想到在草原的深处，居然隐藏了那么多值得游览的胜地。回到赤峰市时，我们参观了博物馆，原来红山文化由此而起，巴林石、玉龙故乡也在这片土地上，真是太神奇了。可惜百钧急于赶赴沈阳任“2013年全国中国画作品展”复评评委，我们只好依依不舍告别赤峰。19号，百钧再被中国美术家协会聘为“庆花博——纪念恽南田诞辰380周年暨全国花鸟画作品展览”评委。

随意打开电脑翻看拍卖行情，惊悉有多幅签百钧名的假画，实在是太不可思议了。十多年前，我们在广州美院散步时曾看见有人将百钧的作品改用油画绘画，碰见我们还大言不惭地叫一声苏老师。还有将百钧的作品放大做商业用，百钧只道：“能养活他人便随之吧。”没想到居然有人不但临摹作假，还不择手段用劣质画签上百钧的名字赚钱，真是太过分了。这些人学画画为什么？道德标准哪里去了？

最近不知为啥躺在床上就不想起来，闭上眼睛就迷迷糊糊，也不知睡着了没有，是前段时间太忙现在闲了犯困？还是人老了，没精力了？这可是我最担心的事。说心里话我真怕衰老，怕失去了自理能力，怕要人照顾。我希望永远充满活力，精神饱满，身体健康。然而，生命的年轮不断前进，违反自然规律要付出代价。现在明白了，珍惜时间不如珍惜健康。我和百钧都已步入老年行列，互相牵挽、互相提醒至关重要。

1.4 薪火传承

2013年11月中旬，我们重新粉刷了在北京住了十年的家，也彻底地大搞卫生。清理了不少无用的东西，才理解“光拉进来，不拉出去”的弊端。沙发、电视机换了，整个家焕然一新，非常舒服。

中央美术学院中国画学院续聘百钧回校授课，回到阔别了一年多的美术学院教室，心境阔朗。不是为了微薄的收入，也不是为了打发时间，只是心底里对中国工笔花鸟画教学有着丝丝牵挂。他退休后，工笔花鸟画教师队伍断层了，需要他帮忙。为了学子，百钧义不容辞去授课。课程刚结束，他又去参加“首届‘八大山人’全国花鸟画展”初评工作，我们匆匆赶回广州，因为儿媳妇快要分娩了。

回广州的几天里，我们参观了“十香园”居廉居巢故居。市政府出资为前辈画家做了新塑像，其中有百钧父亲苏卧农先生和他的师兄弟们。我们约上几位亲戚一齐去拜谒，塑像做得很传神，大家都很激动，不停地照相留影并回忆苏卧农先生生前的点点滴滴。

孙女诞生了，我和百钧急不可待地赶去医院迎接儿媳和孙女出产房。本以为自己能平静地荣升为奶奶，而见到孙女的那一刻，我高兴得近乎疯狂。百钧更是乐不可支，抱着孙女连声说："孙女以后一定要跟我学画花鸟。"忙乎了三天后，受四川美术学院国画系之邀，我和百钧匆匆赶到该系与"非常学子"座谈交流。学子们提问："一位好老师的标准是什么？"百钧回答："最好的老师是能深入浅出地传授知识给学生。一般的老师是，浅入浅出地传授知识给学生。深入深出的老师是在做学问的，只是学生难以理解。最糟糕的老师是浅入深出地教学生，弄得学生晕头转向，不明其理，似懂非懂。"百钧的回答，学生们报以热烈的掌声。接着，学生们还提了几个问题，百钧一一作答。晚上在学院的阶梯礼堂作讲座，题为"宋画欣赏和创作漫谈"。容纳三百多人的礼堂座无虚席，连梯道也坐满了人，周边大学的师生也闻信赶来了，而且两个半小时的课程，大家都听得非常认真。

2006年，一家人在四川

这年，内蒙古教育出版社出版了《当代中国画大家·苏百钧》丛书，一套四册，分别是《苏百钧工笔花鸟画》《苏百钧扇面画》《苏百钧长卷画》《苏百钧文集》，较为全面地收入了百钧的作品。文集由我主编，收集了百钧的论文、创作笔记、随笔、艺术简介等，还收集了各家评论和我写的《丹青一脉出馥林》《相濡以沫醉丹青》两篇文章，较为立体地介绍百钧的家庭、从艺之路等。该书的内容编排、设计、印刷效果都很好。

这年百钧创作了作品《无瑕》《早春》，《无瑕》源于2010年我和百钧去妈妈的母校圣约翰大学的旧址参观。校园里种了多棵荷玉兰（又名广玉兰），正值花期。形状像荷花的花朵，在绿叶丛中若隐若现，发出阵阵幽香。我们感觉这些硕大、洁白的荷玉兰花恰如我母亲的品格：纯洁、不张扬、坚强不屈、默默奉献，我激动地写下《母亲赞》。回京后，百钧整理了从各地收集的荷玉兰资料开始创作，边画边与我聊起母亲，赞扬妈妈的品格高尚、清纯，宛如含苞怒放的荷玉兰冰清玉洁，默默散发幽香，并用《无瑕》为题，藉以怀念母亲。该画送到中国美术馆参加美协主办的“七彩云南”美术展览，许多观众在作品前留影。虽然展览效果不错，百钧却感觉该画的叶子颜色过于浓烈了，没突出花的纯洁，没达到自己的预期效果，随即又起稿绘画《无瑕之二》。从构图到叶色都重新做了安排，白花也改变了画法。画面变得雅淡、整体，洁白无瑕的花朵点缀在繁枝茂叶中，散发出清香。那是母亲生命的写照，也是一位艺术家对母亲的尊重和对艺术执着的崇高追求。

《早春》这幅作品的创作是源于2013年5月我和百钧应中国文联之邀前往南京参加“梅花赋”主题作品邀请展开幕式时到玄武湖游玩，看见湖里还残留着年前已枯干的荷杆下又冒出片片新荷，很有意趣，盎然的春景激发了百钧欲要表达的意愿。在构思的过程中，他起稿画了一群白鹭在春塘里嬉戏。要定稿动笔时喜闻儿媳顺利分娩，百钧大喜，随即改画成：两只成鹭守护着一窝稚鹭，在明媚的阳光下悠然自得，好一幅春风

《无瑕》 217cm × 147cm 绢本 2013年

得意之作。稚鹭画得很细，根根绒毛历历可数，稚气的表情十分可爱。用斜线排列的渔网环绕，给了一窝白鹭安逸和稳定感。百钧边画边嘀咕，将来小孙女一定要跟我学花鸟。儿子没学花鸟专业有点遗憾，期盼孙女继承祖业，那是我们最大的心愿。

2014年1月，百钧在“广东省岭南文化艺术基金会”会所举办了小型展览，展出38幅小作品。以白描、扇面、撞水撞粉作品为主，效果还不错。其间，百钧再赴江西，为“首届‘八大山人’全国花鸟画展”作复评。

这年，春节刚过，我和百钧前往海南岛带学生写生、采风。这次下乡队伍庞大，师生共有50人。刚到海口市，当地美协主席设宴为我们接风，叮嘱学生们要把海南的美景收入画中，期望能为海南美术业再添风采。随后，我们坐上大巴车前往昌江，三小时后到达目的地。晚上，在当地宣传部的安排下，百钧与本地画家小聚，并为他们点评作品。

第二天，我们前往正举办“红棉节”的昌化江畔采风。田野、山坡、河岸处处都有红棉树的踪影，有的散落田埂，有的连片植根山野、江畔，可谓漫山遍野、争奇斗艳、春意洋溢。红棉树又称“英雄树”，高壮挺拔的树干宛如刚直不阿的壮汉，昂首挺胸托起鲜艳的花朵朝阳怒放。红棉是广州市花，从小就熟知这种树的名称、花期、药用价值等。年复一年看它花开花落，但从没见过如此壮观的场景。壮硕的树干散布大地，星火燎原般的红花撩人情思，激荡人心。更奇观的是，有些木棉树上寄生的兰草也竞相怒放。有些木棉树上还攀爬了三棱剑花，大自然里共存共荣、争奇斗艳的场景处处可见，很有韵味。

接下来的日子里，我们去了霸王岭的王道、钱道、情道，这三道各有风貌和情趣。还参观了霸王洞、十里画廊等。之后前往兴隆镇热带植物园写生。开始时有些学生不知所措，对写生一知半解，不知该如何下笔。百钧走到“洋水仙”花旁，细细看了一会儿，亲自动笔示范，边画边讲解：“写生要根据

《早春》 218cm × 148cm　绢本　2014年

个人喜好，与对象引起主客观交融。这种‘洋水仙’花是外来品种，鲜为人知。要画它，就要从各个角度去看、去欣赏。找到最佳角度，能引起共鸣，有感觉了才下笔绘画。绘画时先勾小构图，小构图可以多勾几个，要勾得完整。然后在小构图里面找特别的，找几个特点，把第一感觉留下。在短时间里勾出对象的微妙关系，能将对象里面的微妙关系找出来，整个感觉就不一样了。如果时间充裕，就坐下来对着物体慢慢勾画。”百钧还对学生说：“写生时最好画原大……画花叶的时候，要画上叶纹，否则回去后就忘了。要多画几片叶子，注意疏密节奏。有些人以为用现代工具把物象拍摄下来，回去照搬就行了。而拍摄的透视太大，画出来的东西只是摄影的翻版，没了绘画的韵味。所以必须坐下来，脚踏实地地慢慢把对象关系画下来。在写生的过程中，要看清花之间的细节，把细节画上才显得出花的美。虽然这样做看起来慢，但回去后马上就可以用。很多人不注意细节，应该如王肇民所说：‘没感觉的不画，让绘画物象调动自己的情感，师出自然。’”

画完了“洋水仙”花后，百钧又继续指导学生观察蕨类植物：“要在大自然里发现美，忘情地观察，不要应付。‘移情花木’法是写生的第二阶段，去掉不需要的叶子，注意冷暖色的过渡，残叶与主叶的对比，色彩之间的对比。注意处理烂叶，不要像画标本。主观能动性与客观真实性相结合，注意感觉。以自己为主，正面叶用单勾法，背面叶用双勾法，一下就能让它关系明确。”百钧还鼓励学生：“大胆画，注重感觉，不要拼表面效果、拼画了多少，要把每个地方都处理好，做到极致。把蕨类整团画出，注意调整里面的节奏、关系。面对大自然，把自己的审美作综合整理，功利心不要太重，写生就是要静心画，不要靠编，第二步要更肯定地下笔。”百钧两次示范后，学生们明白了写生的意义，初步理解了该怎样去写生，同时激发了写生的热情，我受益也不少。离开海南时，大家都说收获很大。

我们的小孙女来北京了，小家伙给我们增添了欢乐。拍拍手她会笑，与她说话，她手舞足蹈地与你互动，非常可爱。我们带她去凤凰岭看杏花，去大兴看梨花，去景山公园、颐和园看牡丹，虽然小孙女还不会欣赏，但她的一举一动一颦一笑都牵动我们，可开心了。这就是天伦之乐吧！

5月，“全国高等艺术院校花鸟画教学研讨会暨教师、学生作品展”在中央美术学院召开及展出，百钧的作品《暇日》参加了展览并应邀参加研讨会。在会上百钧发言，以怎样当好教师为主题，强调首先要激发学生的学习兴趣，让学生喜欢你担任的课程。在发言中，百钧谈到了信仰、教学等问题，还谈到工笔花鸟画三位一体的教学体系，详细地谈到写生的具体观念。最后总结，教学最重要的是教书育人，老师怎样去研究教学，就会有怎样的成果，如果教师都不会分辨唐、宋、元、明、清的画，不知道其精华在哪里，艺术魅力在哪里，就无法去激发学生对生活的热爱，对当代知识的吸收。百钧的发言有板有眼，铿锵含理。

之后，百钧应书画频道之邀前往昆山周庄作“苏百钧工笔花鸟画高研班”教学，这次授课为期十天，主要是写生课指导，学员来自全国各地。百钧在第一天的课程里讲：“和大家走到一块是缘分，希望大家学到的不光是技法，还要学做人、结交朋友，这是一笔更大的财富。希望大家端正画画的心态，不要为名为利而画，要为人生而画画。”他还强调：“人的喜乐哀怒都能在画面里表露出来，做到极致，你该得到的就自然而来。”学生们报以热烈的掌声。百钧接着讲写生分三步：第一，在大自然里寻找绘画的对象，解决造型问题。第二，加上自己主观的分析，主、客观完美结合，把对象进行剪裁取舍，解决构图问题，将客观对象表现得更有艺术性。第三，目识心记，将古人绘画的精粹结合到生活中去。

第二天，百钧示范白玉兰写生，他边画边告诉学生：“画的时候要注意花的结构，方中带圆，下笔稳准狠，一步到位，花的形可以丰满点，细节的地方再加强。细节决定成败，好看的地方不要造作……”接下的几天，百钧分别带学生去了上海植物园、苏州拙政园等地写生，学生们都很努力，几天的时间进步很大，这让百钧感到欣慰。课程结束时，学生们依依不舍，有些同学还流下眼泪，这让我们挺感动的。

2014年6月19日，百钧参加中央美术学院举办的“中国工笔画高研班”结业典礼暨“作品展览”开幕式，又一届高研班的同学结业了。看到同学们的作品，我惊讶不已，没想到同学们进步如此之大。刚开学时，我曾去班里看，感觉有些同学还没掌握绘画的基本技能，担心百钧负担重，没想到一年后，每位同学都有了不同程度的进步。展览还没结束，有些作品已被收藏家订购，还有四位同学的作品照片送去家乡参展，初选通过了，要马上把原作运回所在地参加省展。这可是一件大喜事，可这里的展览还没结束，按规定，展览期间的作品必须展览结束后才能取走，但是同学们的好事也不能耽搁。我出了个主意，让提前要拿作品的同学赶紧把原作打印成图片挂上，并注明原因，再取走原作，这样两不耽误。展览得以完满结束。

中央美术学院师生照

中国美协邀请百钧前往内蒙古包头支教。以往三次去内蒙古留下深刻印象，所以我也非常高兴地随百钧前往阴山脚下为包头绘画艺术做贡献。飞机误点，到了美岱桥村已是晚上十一点多了，我们赶紧吃过晚饭后步出门外，黑乎乎的一片。打着手电，跟随工作人员一步高一步低地到了住宿地，昏暗的灯光下，暖灯风扇不停地摇晃。前一天下雨，空旷的山脚下特别寒冷，百钧把自带的电热毯铺在硬邦邦的床上，一位在北京美术馆展览上认识的学员为我们打来开水，买来脸盆和厕纸等日用品。我悄声地与百钧说："真像回到我们当知青的年代。"百钧乐呵呵地回应："那时候哪有砖铺地，哪有暖热器和青砖屋。"在言笑中，我迷迷糊糊地睡了，可床太硬了，百钧辗转难眠。

第二天上课，百钧请花鸟培训班的学员们作自我介绍，了解他们的文化程度和对花鸟画的认知、感受。接着，我协助百钧用投影讲课。百钧提出：绘画是什么？艺术是什么？艺术品是人类精神灵魂的最高结晶。人品、画品都非常重要，人品高尚，作品就会大雅，人品与画品是一致的。接着百钧解释了艺术品与商品之间的关系，做学问的心态很重要，希望学生能静下心，有付出的精神。他鼓励学生不要计较现状，一步步走，只要今天比昨天有进步，终会有结果。百钧还提到：画花鸟画是出世的，要忘情地去画，忘情地享受。工笔与写意有共通点，也有不同，绘画艺术追求的是主客观的结合。做学问来不得半点虚假，如同堆沙，底盘宽阔才能往上堆高。寄语同学们不要因为自己是业余画画，感到干其他工作是浪费时间，其实经历的一切，都会不自觉地在画画的过程中体现出来。百钧还讲授了国画白描的要点：强调"六法"中的骨法用笔，介绍"十八描"的各种描法，其体现了人物的性格、质感与造型，也表达了画家的情感、智慧、感觉等。中国画的线描，可单独成为一幅作品，这不但是中国画的伟大之处，也是东方艺术与西方艺术的区别之一。线，表达的不仅是形象，也要体现对象的造型、结构、质感。每一种描法，能表达出每一种对象的不同质感、性格、精神。一花一木都有性格、精神，所以画花鸟画，也必须练习十八描，否则就缺失了基础。表现对象要根据每种对象的本质、性格、感觉、情绪来表达线条。线描的表达方法不一样，笔法不一样，如只用单一的笔法就会掉失中国画的内在元素。基本架构如果没做好就上颜色，那是徒劳。一幅画里可以同时用几种线描，但要协调，就如同色彩配合得恰当，画面才协调。

接下的几天，百钧示范、讲授写生步骤，强调要根据对象的精神写生，解决造型和结构等基本问题。9月下旬，下过雨的内蒙寒意缠绵，学员们不畏严寒，认真地观看百钧示范后，都说之前从不知怎样去写生，更不知从何处入手，感谢苏百钧老师给他们明确的指导。培训快结束时，我们才知道这次主要是中国文联·中国美协主办的文艺培训志愿服务项目之一，本来这次活动的宗旨很好，学员们的学习精神很可嘉。可到了最后两天，学员们开始浮躁，千方百计跑到别的班找老师题字要画，弄得我们很反感也很尴尬，学习氛围全没了，感觉失去了这次活动的意义。才知道有些学员是画廊老板，醉翁之意不在学习啊！

培训班结束后，我和百钧多留了两天，参观了成吉思汗陵，游历了响沙湾、湿地公园，最令我们兴奋的是去参观昭君墓时途经小白河，秋风吹动岸边的片片芦苇，在夕阳的照耀下如金浪翻滚。偶见点点白羊低头啃草，鹭鸟盘飞，充满诗情画意。

10月金秋，本应是秋高气爽，而这年却雨水不断，寒意缠绵。苏州市文联与美协为配合朝霞工程工笔画展览创作活动，举办了当地骨干画家短期学习班，聘请百钧为学员们讲授创作课并评点他们的作品，也邀我同行。再次去苏州，依然有点水土不服，想来想去，真是“知其然而不知其所以然”。全国各地我去的地方也不少了，只有到江南会水土不服，幸亏很快就适应了。随后，在当地画家的带领下，我们参观了艺圃和环秀山庄。这两个园林虽然没有拙政园、狮子林等有名气，可假山土石、小亭古树、石板寸桥依然精雅优美，亲切可人。在环秀山庄旁，我们参观了苏州刺绣研究所，目睹绣女们的作品后非常感慨，她们的一针一线与工笔画的细染慢描何等地相似，都是呕心沥血，费尽精力。所里的一位设计师送了我一幅十二生肖中的“蛇”，我非常喜欢，这可是我看到过的生肖蛇最美的设计，后来我还请人按该图案刻了一枚闲章，喜欢至极。我们还去了司徒庙，里面的一组从明朝生存至今，名为“清、奇、古、怪”的柏树，令我们震撼。四株柏树分别挺拔昂生、伏地横长、折腰曲扭、盘缠傲立，非常壮观。我们还拜祭了清朝花鸟画家虚谷墓，参观了石壁永慧禅寺，可惜庙宇正在重修，只能粗略地看了雕刻在石壁上的碑文。回转时，再经过虚谷墓，百钧突然喊“蛇”，一抬头，只见一条三四尺长的蛇正横趴树上看着我们，吓得我们前跑几步，再回头看，百钧要给它留影拍照。我感觉这蛇有灵性，在为一代大师虚谷先生守灵。我们还去了天池山，这山不高，山上的祠庙旁有一池清水。庙后石莲花峰，山巅几块巨岩耸立，远望似莲花向着天穹盛开，景观奇崛。

一位滨海的学生知道我们在苏州，特意开车来苏州接我们到她家小住，不知是天意还是缘分，我们居然同意并顺其自然地住在她家，这可是多年来少有的住宿在外人家呀。在三天的相处中，太让我们感动了。他们夫妻俩无微不至地照顾我们，不但为我们洗衣服，还给我们剪指甲、系鞋带。瞬间，想起当年我为妈妈剪指甲、系鞋带的情景，那时还在想，我老了会有人帮我吗，眼下，学生为我们做这一切，让我非常感动。这些细小的动作，不虚假，不造作，折射了晚辈对长辈的关爱。百钧也耐心地为她评讲作品，并与之商讨下一步该怎样走。我们一起去大丰县看丹顶鹤，还去了射阳看麋鹿。这都是我们一直向往的去看候鸟的地方，虽然没到时候，候鸟不多，但也令我们振奋。丹顶鹤动静相宜的优雅姿势与麋鹿灵敏警惕的动态成鲜明对比，逗得我们乐不思蜀。

11月，我和百钧应邀前往重庆参加四川美术学院70年来国画系教师作品展览，百钧作为客座教授也展出了四张作品。四川美院国画系还邀请了八大美院国画系的系领导参加开幕式和研讨会。展览是在重庆美术馆举办，规模庞大，热闹非凡。再次足踏重庆非常感慨，第一次是怀着对籍贯地的向往和探秘而去，却因城市的脏、乱以及发生的两件小事使我对这座山城没有好感并且非常伤心，不再轻易提自己是重庆人。第二次去重庆是四川美术学院聘请百钧当外聘教授招收硕士研究生，百钧携我去作讲座。重庆城市面貌大变样，干净了也美丽了。站在戴笠公馆旧址时，心情像打翻了的五味罐子，恨与涩交替循环。这次百钧参加该校国画系七十年来教师作品展览，我们应邀再来重庆，一下飞机开始头疼，以致晚上辗转难眠，还以为感冒了。后得知这里海拔只有300米，才明白我这是低原反应（真老了）。没想到在这里，有很多百钧的粉丝，他们的热情又燃起我对乡土的炽热情感，毕竟这里有难以寻觅的先人足迹。

12月12日，应西安美术学院国画系邀请，我和百钧冒着严寒，前往该校为花鸟科的师生们讲授“经典花鸟作品的欣赏与创作”。一开始百钧提出：精品画的定义是什么？信仰是什么？精品画就是在画面上赋予对象精神。从精品作品里，可以了解到宋人绘画对对象的观察很细致，并用骨法用笔、空白分割、对称里找不对称等美的技法，将自己的情感表现于画面。总的来说就是愉快付出，不求回报，只问耕耘不问收获，在人世间留下财富。欣赏经典作品，目的是培养审美能力，花鸟画的审美能力极为重要。怎样观察生活、体现生活，这是花鸟画家必须思考的。百钧还强调，工笔画的书写性，这是工笔画难以攻克的问题，也是当代画家不可避免的问题。他告诫学生们绘工笔画不要靠慢慢磨，要目识心记、艺术升华后作书写性表达。之后还谈到花鸟画的时代性问题：有人用程式套生活，有人沿用生活的感悟。作为现代人，如何把控海量信息？古画传下来，是凝结了当时的时代烙印。作为画家，创作是最重要的，怎样创作？创作要有传统的技法，也要有现代的思路。国画的最高境界是师法自然，高于自然，追求国宝级的作品是自己的宗旨。艺术，艺是修养学识，术是技能技术，美是经过历史沉淀的。史、理、法、源、变，变是最重要的，但没有前面的史、理、法、源支撑是无法言变的。智慧是靠静养出来的，静能生慧，单纯里求丰富，围绕生活情节也是一种境界。百钧深入浅出的讲解，得到师生们的赞赏与尊重。

第二天，在两位老师的带领下，我们去了华山。从西峰坐缆车上山，缆车进山，大石块如从山顶直冲山谷扑面而至，好大气派，我们都惊叹不已！刚下过雪的华山银装素裹，非常俊美，百钧激动不已，因为他一直想画一幅雪景长卷，天公作美，让他看到了崇山峻岭中的真实雪景。他边走边慢慢欣赏，忘记了寒冷。我也异常兴奋，因为三十多年前我们带着小儿来西安的时候，百钧就想上华山，可我听说华山险峻，怎样也不肯上山，留下了遗憾。每每想起，总感觉对不起百钧，没让他如愿。这次终于来了，而且碰上下过雪，增添了华山的峻峭，真是太值了。虽然冷，穿得多行动不太方便，而且年纪大了走山路有点费劲，但是不再遗憾了。

2015年1月，我与百钧应山西省当代工笔画艺术研究院邀请前往太原参加该院首届院展暨理论研讨会。在研讨会上，百钧感慨地谈道："盛世出工笔，这是时代给予的机会。平台很重要，有一个平台让大家聚在一起，共同学习、共同观摩研究，能促进工笔画的繁荣。道德信仰至高无上，艺术与商品的问题无需争论。工笔画能成一个体系，工笔画家成名后不要一心想卖画，应该有信仰，每天修行修学问。探索艺术时要有幸福感，必有成果……"

都说陕西是地下博物馆，山西是地上文物馆。站在太原的晋祠，中国千年前的建筑文化骤现眼前，房屋建筑不用钉子，全靠榫卯结构建造，大方美观。晋祠里宋代的泥雕历经千年依然栩栩如生，色彩搭配典雅，塑像造型生动。一棵老态龙钟已上千年的柏树斜斜卧倒依附在一棵郁郁向上的壮年古柏身上，不由心头一震，老有子靠，树木有灵啊。听着汩汩泉涌，看着它不断从龙嘴清澈流出，旁边却有冰凌阻滞，很有感触，人生的旅途看似顺畅，却往往被石头绊脚。暮色苍茫，静静的古祠只剩我们三人同行，不免有“古藤老树昏鸦，小桥流水人家”的凄怆……从喧闹的都市到这清僻的古祠，似乎穿越着时光隧道，悲喜难言！

第二天，我们游览了五台山，这佛教圣地，寺庙多得难以置信。时值12月，北风凛冽，无法登上最高台。顺着山道，我们到了北岳恒山的悬空寺。山下，晶莹的冰挂令我们兴奋不已，不停地在冰上摆姿势拍照。登上半山悬空寺时，巧夺天工的建筑令我们震撼。在山腰，我们看到木桩伸出支撑着整个建筑物，真不可思议！走下山寺，再抬头看见“雷音寺”几个字，非常激动，与弟弟的名字太相近了。

终于，五岳都登临过了，虽然跨度三十多年，却感觉每次去的时间、季节、年龄段不同，观山的感觉也都不同。年轻时是慕名观山，现在学会品读、欣赏，乐在其中的奥妙难以形容。

我们还游览了云冈石窟，因为是冬天，游人不多。前几年去敦煌莫高窟时值十月，天气很热。我们还曾去过龙门石窟游览，每处石窟各有特色、各具品味。这两次的冬季旅游非常好，游人少，景色别具一格，这种冬景是南方人难以想象的，而且冬季旅游不受炎热困扰。

离开山西，我随百钧又匆匆带新一届的高研班学生去西双版纳写生。从寒冷的北国到了火辣辣的版纳，像从冰窟到火山口。尽管是冬天，版纳的太阳依然酷烈，能拧出水的闷热空气，让人感到窒息。早晚的山林瘴气笼罩大地，令人昏昏欲睡。上次来版纳，带着父亲刚去世几天的累累伤痛，凄然对花草哭泣，虽然有学生陪伴，却不能放纵感情。转眼七年，无限感慨。难以忘怀的是在我生日那晚，百钧和六十多名学生载歌载舞陪我度过。与年轻的学生在一起，燃起我们的激情。

百钧在版纳给学生们上写生课时强调：写生是写出对象的生命。写生不止为画面好看，要写出对象的生命力。还提出：

2010年，百钧在云南写生

为什么只写自己喜欢的对象，因为它打动了我，与我通电了，产生了感情，再画才有感觉。在寻找写生对象时，要找与自己有共鸣的对象，不要急着动手画，多找找喜欢的对象，不要老盯着几朵花，每一种植物各有性格，与人一样。下笔时在对象里找点，不要擦，不要怕不准，要训练自己一笔笔写出来，训练工笔画的书写性。不要慢慢磨蹭着画，这样与中国画不符。有学生问：写意画与工笔画的写生是一样吗？百钧回答：工笔画的教学是把你以前所学的素描、色彩扭转到中国画里来，而写意需要另外探讨。

百钧在植物园里不停地穿梭，指导学生作画。他说这样来回走动，寻找学生作指导虽然辛苦，但面对学生要画的对象给学生作现场讲解学生容易理解，进步会很快。他走到一位学生前，看了他画的扶桑花指出，只看画面构图确实不错，但这种花一枝杆上只开一朵，而你违背了植物特性，为了画面好看一枝杆上加几朵花，左搬右凑，拼凑生活、拼凑对象很累，违背了花鸟画写生的宗旨。写生要有完整的体系，第一步应该把对象的精神表达出来，第二步是加强对象的精神，可以把一组植物放在画面里，但不要违背它的生长规律。

在画西番莲的学生前，百钧指出：看画面还不错，但细节的地方没处理好，植物的结构特征如同每个人的长相各有不同，不对着对象看是感觉不到的。

在画杨金花的学生组里，百钧引导学生们从各个角度去寻找入画的最佳位置。看到一位学生画的杨金花，他指出：这画还是用了主观观念去处理，没有把对象精神完全表达。这种花有剧毒，它的干像狼牙棒，这是它自我保护的特色，把它完美表达就是一幅好作品。百钧马不停蹄地为五十多名学生逐一作指导。整天下来，累得不行，可他还是乐此不疲地耐心给每位学生讲解。

这次来版纳，我们游览了植物园里的绿石林和望天树国家森林公园。绿石林里的石头很怪异，与常见的山石不一样，绿

百钧带学生在云南写生

色表皮，有点像太湖石。突然感觉它像海底袅娜多姿的珊瑚，一打听，原来这里亿年前是海洋，地壳变动形成了山体，石表的绿是青苔。真难以想象美丽的珊瑚也会经历坎坷的漫长岁月。我们与同去的伙伴各自捡了一块喜欢的石头邮回家。

望天树国家森林公园很美，连片的望天树直插云霄，听说这种树只有以这里为中轴20千米内可以生长，以外则难以成活。才明白古代遗留下的深宫庭院中笔直的栋梁是这些珍贵的树种。在望天树之间用绳子架起了离地50多米只能一人单向行走的天桥，穿越这摇摆晃动的天桥需要勇气，一旦踏上天桥，只能往前走，决不能后退。很多女孩子登桥后吓哭了，哭着也要一步一挪地往前移。在百钧的鼓励下，我也要尝试在高空摇摆的绳索中行走。踏上天桥，第一感觉是双腿发软，双手紧紧抓住两边的绳索，千叮咛万嘱咐后面的人不要紧跟，更不要左右摇晃，因为走在桥上的人多了，桥会晃动得更厉害。抖抖索索地走过一段后回首看百钧，他也紧张地慢慢往前挪步。真后悔这么大年龄了还来冒这个险。但是站在拐点的平台上，享受

百钧示范写生

2018年，百钧与我带学生在西双版纳写生

到无限风光在险峰的乐趣，感觉在这高高的茂密树林里自个是那么的渺小，感慨万分。

2015年的4月，在学生的陪同下，我和百钧再次登上黄山。因为有导游的指点，大概清楚了游览黄山的路线。这次在黄山上住了两个晚上，三天没有看见云海，却观看到日出。当太阳露脸的那一刻，大家都很振奋，整座山头一片欢呼。我和百钧也不例外，尽管忍着饥饿等待阳光，却一点没厌倦感，太阳已升高一丈多，我们才依依不舍地离去。

在安徽的几天，我们还去了嬉子湖湿地公园看黑天鹅，去芦村看油菜花，攀登了世界地质公园、国家5A级旅游景区——天柱山。这里的主峰如擎天一柱，我们登山时适逢云雾弥漫，天柱峰时现时隐，非常秀美。第一次上黄山时见过的云海，在天柱山再次呈现，仙境般的感觉让我和百钧激动不已，感谢上苍，弥补了我们上次上黄山时看不到云海的遗憾。

7月29日，接到岭南出版社通知，邀请我8月16日参加《现当代画家小卷》新书发布会。其中我写的《隐逸耕耘·苏卧农小卷》也在这套丛书之列。这套书是广东省委宣传部2012年度广东省文艺精品作品创作专项扶持资金项目，2013年12月与我正式签约后，我才开始动笔，现在终于出版发行了，而且该书将放进广东文史馆、广东档案馆、广东美术馆和广州艺博院、岭南纪念馆、中山图书馆、十香园等机构供查阅。得知消息后，我非常兴奋，百钧提出陪我回广州参加首发式。我更是感慨万千！一路风风雨雨走来，写下字字句句，今天文章终于能载入史册，虽然只是沧海一粟，也算为苏家做了大事，为雷家增光。遗憾的是父母都不在了，没看到我的成功，希望他们在天之灵能为我高兴。发布会那天，我穿上媳妇特意为我买的大红衣服，非常亮丽，30多名老同事与家长打着横幅，举着小旗，献上鲜花为我助兴，还有百钧的学生、朋友，很是热闹。以前，都是我陪着百钧参加各种活动，这次是百钧当配角，他带上相机说好了要为我拍照片珍藏。结果，在会场上别人拉着

2015年，新书《隐逸耕耘·苏卧农小卷》发布会留影

要与他合照，没抽出时间为我留影。同事们拍下不少，弥补了遗憾。

9月12日，北京大韵堂艺术机构在大韵堂美术馆举办“里面的魅力——匠心传承·苏百钧师生作品展（第一回）”，这次展览共有95名百钧教过的历届学生、研究生参加展览。展览的效果不错，同学们都拿出了自己的力作。开幕式的前言和研讨会由中国艺术研究院研究生院院长吕品田先生主持，他在前言中写道：“百年近世，西风漫卷，画坛格局陡变。时人蔽惑于波谲云诡的欧美潮流，或亦惧怯内功历练的艰辛，以致多借端革旧维新，规避国画进取的常规正途，纷觅旁门外道左奔右突。……时尚潮流中，苏百钧先生坚定自持，卓尔不群。他择循主流正道，登堂入室，虔敬正诚、不求闻达地默然苦修传统功课……”称赞百钧：“长期以来，其远师宋元，近承岭南，始终不愠不躁地思考画理、锤炼笔墨、推敲章法、琢磨技巧，殚精竭虑，用功极勤，以至汲百家滋养而大成自我，笔下形态，焕然开新。……而他本人也如俨俨高峰超拔于当代工笔花鸟画坛，是为当代创作皈依画道正途的表率……。”研讨会上，多位理论家分别发言。画展的第二天，苏门同学们又自发开会，争相诉说在苏老师教导下学习的感受，并组建“苏门画苑”微信群，以便共同探讨绘画艺术上的问题。会后七十多名同学在苏老师慷慨出资下开怀聚餐，很是热闹。

师生展很受欢迎，展览延期了人流还陆续不断。大家都称赞展览的作品水平很高，可以与国展媲美。一个优秀的师生展在解剖后还有老师的影子是最理想的，把老师的营养精髓嫁接到自己的苗子上，这才是跟老师学的根本。通过这个展览，百钧更认识到老师的判断力对学生的影响之大。不是一招一式的手把手教学，而是在宏观、结构上对学生进行指导。之后，同学们为了更好地交流与学习，在“苏门画苑”微信公众号里连续发表了百钧的写生教学文章和图片，并连续几天发起了有关写生问题的讨论。同学们都积极发言并把自己的作品发在微信群里与大家分享，共同学习的氛围非常好，希望能坚持下去。

与学生在临朐采风

10月9日，我和百钧应邀前往西安参加“岭南大家”展览开幕式，百钧送了五张作品参展，得到一致好评。百钧也抓紧时间与画家们交流，更深刻认识到当下所提倡的中国画改革创新，但传统文脉不能改，传统知识的认识、传与承的关系、中国文脉的把握、艺术的取向都可以自由选择，但取向后的把握很重要。敦煌壁画可以借鉴，但不要像它那样去画。作为画家从传统文脉入手，建造骨架，把传统的东西挖深，是在传统骨架上搭建高端。

2. 倚案伴夕阳

2.1 岁月静好，星河斑斓

人生弹指芳菲暮，不经意间我们已像夕阳西下，步履蹒跚。很久没记录生活的细节与情趣了，原因种种，其中之一是忙于帮助百钧整理《画坛名师大讲堂》书稿。这套书分上下册。从2015年暑假开始着手定框架、整理，历时已一年多，终于有了小模样。我感觉这套书很好，分品鉴、习法、设色、创作四篇，最后以我介绍百钧成长过程的文章作为结尾，总结了百钧多年的绘画与教学经历。从如何欣赏古画到工笔画的各种绘画技法，从写生的三个阶段到大小创作，步步介绍，环环紧扣，可谓工程浩大。虽然还没印刷成书，看了小样还是颇感满意。起码这是记录了百钧五十多年来，绘画与教学事业上长途跋涉的心得与体会，给后学留下的宝贵经验，更是我俩夫唱妻随的又一结晶！

朝朝暮暮，眨眼间又过一个学年，本届高研班和历届一些学生共90多幅作品先后在中央美术学院展厅、河南信阳扶春美术馆、北京大韵堂美术馆、北京佳合美术馆，举办了四次师生巡回展。每次的开幕式师生们都欢聚一堂，激情致庆，十分热闹、感人。2016年9月17日，巡回展览更是掀起高潮，因为与苏门美术馆揭幕仪式同时举行。80多位来自全国各地的同学聚会同欢，参观、交流、座谈、聚餐，不亦乐乎！

“苏门美术馆”内展示的是苏门画苑学子们的作品，这些作品呈现了百钧的艺术理念和教学成果。希望这个美术馆能不断展现学生们在传承师学中创作的工笔花鸟画，不断迈出新高度，为中国花鸟画的繁荣与发展重续百代辉煌，更是为中国工笔花鸟画优良传统的传承与发展作展示、推广。“苏门美术馆”是百钧与佳合·华宝国际文化有限公司精心策划的，意图为学子们搭建平台，让后学们的作品面向时代，呈献给观众。希望百钧的艺术理念和独特完整的教学体系成果也能在这里得以充分展现。

眨眼又是北京的秋天了，秋凉令人悲，又能令人思，下了一整天的小雨有点寒冷。前段日子忙碌，这些天老感觉疲劳，惰性出来了，不想动手脚，也不想动脑子，只想好好休息，还有些许悲哀的想法。看着百钧日渐消瘦，心里挺难受的，真不知该如何为他分担。前阵子，他居然两次拿着儿媳妇帮忙买的东西，以为是垃圾给扔到垃圾桶了。这是心有所想，心不在焉，还是老的表现？不禁想起马致远的《天净沙·秋思》：“枯藤老树昏鸦，小桥流水人家，古道西风瘦马，夕阳西下，断肠人在天涯。”我和百钧是否已是枯藤老树，在流水人家的天涯里如那夕阳西下……

这段时间，有几位学生分别掏出心事向我倾诉，想听我的意见，挺感动的，真有点“星沉海底当窗见”的感觉。没想到，我还能给别人一点建议与关爱。

抬头仰望，蓝天上片片鳞斑煞是好看。“天上鱼鳞斑，晒谷不用翻”，妈妈教的谚语又呈脑海。美丽的蓝天白云，扇起缕缕爽意的秋风扣动了情丝。教书育人半辈子的妈妈呀，曾几何时我们牵手相依，您抚我耳边亲亲教导，曾几何时我们共守风雨，共盼天明。时过境迁，只留怀念……

近年来，百钧绘画了《网·椰林》《望·初雪》《海风》《瑞雪》。

2014年时，百钧带学生去海南霸王岛写生，其间，朋友带领我们去了棋子湾，海堤边的一大束野菠萝吸引了我们。它迎着海风扭曲躯干顽强蓬勃地生长，昂首屹立，海风带动它的叶子，飒然挥舞，那种野性、倔强震撼心灵。带着敬佩的心情，我们不断拍照留影，百钧更是仔细观察，目识心记。回来后，开始画《海风》，为了表现野菠萝的庞茂，他采用连屏绘画，并在野菠萝丛中添画了白鹭和觅食的水鸟，大自然中的共处与生生不息跃然画面。

同是取材于海南岛的《网·椰林》画的是被遗弃的网兜，绑在几棵椰树上，几只孔雀立于其中，散点透视法构图是百钧的新尝试。

《网·椰林》 148cm×218cm 绢本 2015年

早听百钧说想画苦楝子树，在农村时常见这种树，果子可以入药。更有朋友告诉我们，他发家的第一桶金就是靠苦楝子树得来的，希望百钧为他绘画苦楝子树。可这树高、壮，果实小，不好表现。多年后，百钧以《望·初雪》为题，表现农家房后低垂的苦楝子树，吸引鸡群翘首顾盼，抬脚欲动，鲜活的场景与一旁的农具形成鲜明的静与动的对比，无形的空白留下初雪的似有如无。好一派农家的安逸景象。

从生活了50年的南国移居到北京，最感兴趣的就是看下雪。每当下雪，心里总按捺不住莫名的兴奋，不畏寒冷总要

联屏《海风》 220cm×300cm 绢本 2015年

《望 · 初雪》　220cm × 150cm　绢本　2015年

《瑞雪》 220cm×300cm 绢本 2016年

踏在积雪地上享受脚底的快感，聆听嘎吱嘎吱的雪响，陶醉于满眼的雪景风光。2015年下了一场整夜的瑞雪，铺天盖地，银装素裹，小区门旁的柿子树披挂雪袍，一个个红红的柿子东歪西斜地戴上白帽。那情景令百钧欣喜无比，脱掉手套，拿起相机不停拍照，冻得红通通的手近乎僵硬，往胳肢窝暖手的瞬间，不忘抓紧时间观看，要把这难得的美景收入脑海。百钧趁着忘形的激动铺纸动笔绘画《瑞雪》。如何表达雪景、雪意，怎样把雪的蓬松感表达出来，这又是百钧的新尝试。

2.2 重绕回廊，月上南岸

2016年，应广州美术学院领导邀请，百钧考虑再三，决定回广州美术学院美术馆举办个人展览。他说："咱们苏家三代都曾在广州美术学院教学，校园的变迁、里面的环境、同事都很熟悉，我和儿子更是曾受广美的培养与教育，对母校有深挚的感情，那里有我的师长、同学、同事，我要向他们汇报我调任后的成绩。"正可谓"人生落落真如寄，举世滔滔尔可惊"。

时任中国艺术研究院常务副院长吕品田先生欣然应允作学术主持并撰写了展览前言。他以中肯而坚定的文笔评论："为学为艺，修身为本。苏百钧的守正与超然，透着端正的态度、取向、姿态和作风，透着对生活与艺术、继承与创新关系的正确认识。遵循正道、正身诚意的修为功夫，造就了苏百钧全面的人文修养、深厚的专业功底和超强的创作能力。这一切激发出他旺盛的艺术创造力，也造就出情深、意切、趣足的高致艺术。"同时强调："艺术的高致境界，既在于'合情'，又在于'合理'，更在于情理交融的'有趣'。'趣'，是艺术家主观意旨通过一定艺术手段而表现于作品的独特风致、情趣或意趣，是在艺术欣赏中能给人以美感的一种审美属性，也是审美追求所期望的艺术境界的极致。"文章最后以高峰的比喻定位苏百钧为当代中国花鸟画坛最杰出的花鸟画家，为正道高致的表率。

在广州美术学院各级领导的关怀和帮助下，带着感恩之情，"闳约逸致·苏百钧工笔花鸟画展"在广州美术学院美术馆展出。开幕那天（11月3日），三层楼的展厅、楼道人山人海，光是从全国各地赶来的苏门学子、朋友就有一百多人。

在开幕式上，原文化部副部长王文章先生致辞："苏百钧先生的花鸟画在今天中国画里，或者说在花鸟画的发展下是独树一帜的。我认为，他的花鸟画在艺术的继承和发展方面具有时代性、开创性的意义。苏先生的作品构图严谨，蓬勃大气，画面淡雅，但是又非常灵动活泼，色彩方面十分稳重。他的父亲苏卧农先生对他影响非常大，还有他自己的刻苦勤奋，但更重要的是在这基础上他对传统的深刻理解。苏先生对时代的心灵趋向有非常深刻的把握，所以他把传统和创新的运用完美地结合了起来。这个度把握得非常好，所以我们看他画的时候，感到了传统花鸟画的美，时代信息非常鲜明……” 美院院长、百钧的两位导师也分别致辞。百钧感谢各级领导、老师和到场的同学们，并赠送给母校一幅238cm×148cm的《秋韵》作品。这次的展览，一楼展出百钧的大幅创作，二楼是扇面作品，三楼是白描作品，每层楼中间还分别展出了长卷作品，动用了美术馆三层楼的全部展厅，共展出160多幅作品。这是百钧历次的个人展览中作品最多最全面的一次。展览反响热烈，每天都有上千名来自各地的观众参观。苏门弟子们也很给力，

2016年，百钧广州美术学院个展与嘉宾合影

百钧在广州美术学院举办个展

成立了十二个小组配合画展工作。他们每天到展厅维持秩序、应酬接待、讲解画作、帮忙照相等，一直陪伴到画展结束，令我们感动！

十五天的展览结束后，我们又应邀前往海南省博物馆作第二站展出。转辗旅途真不容易，装框作品只能陆运。儿子与三位学生随两辆货车运送，一路颠簸，阻碍重重。来回电话找人帮忙，几经周折才把展品平安送达海南省博物馆，已是半夜三更了，悬着的心才得以放下。

开幕式上，海南的文联书记、美协主席分别赞扬百钧给海南观众带来了文化大餐。海南美协领导和百钧的两位海南学生知道我们刚忙完广州的画展，很辛苦，他们便全力以赴，承担起画展期间的所有工作，让我们没负担地去海岛各处游玩放松，再次让我们感受到学生的挚情！

这两次在展厅中细细品赏先生的作品，很是感动，后而感慨。先生那丰富精致的心语，通过一笔一画在作品中述诉，数十年弹指间，他那一幅幅巨作，为当代花鸟画谱写了闪光的篇章。

这年，百钧绘画了《向日葵·雪》《洼地野趣》《雪梅》《寒梅》。

《向日葵·雪》是在《冬日·向日葵》的基础上重新改稿创作的。除了鸟的位置改变外，更强化了雪的表达。但我还是喜欢《冬日·向日葵》中望尽天涯路的苍凉感。

记得在百钧花地的老家客厅里曾挂着他父亲1968年画的《咏梅》，那幅画给我留下深刻印象。除了特定年代的印记外，那苍劲屈曲的梅干枝条直透心底，不挠的精神与争艳的梅花在雪景下相映成趣，过目难忘。我想百钧也难忘此景，故而三画梅以追思……

岁月如梭，眨眼到了2017年1月，去年这时候刚好与百钧一起带学生到西双版纳写生，与同学们一起庆生，今年在北京庆生，该清静了吧。生日前一晚电波传来信息：有位神秘的朋友送我神秘的礼物，派送者正在途中。短短的一句话让我思索了一晚，谁会在这严寒的冬夜想我？谁给我礼物？近两年每逢佳节都会收到一束束的鲜花，总会撩动我雀跃的心。和学生们在一起的欢声笑语，年轻人的朝气阳光，全凝聚于这缤纷的花束中。一句祝福泪水盈盈，轻轻问候深埋心底，师生情、人间暖，都随朵朵花香缓缓释放。今年的生日，分别收到几束鲜花和蛋糕，更有学生千里迢迢来京祝贺，真挚的情意令我动容。

春节回穗，朋友告知广绣用了百钧一幅画作蓝本刺绣，获了金奖。我们一起前往参观，广绣领导热情招待，还让百钧挑选两幅绣品送给我们，百钧也回赠“锦绣轩”字幅，并与广绣签约以百钧扇面为蓝本作刺绣用。百钧道：“我是广州人，理应支持家乡的非遗事业。历史文化的延续、传承，要靠一代代人去努力。”

3月，应学生之邀，我们去西安观看上海歌舞团演出的舞剧《朱鹮》。这场演出太精彩了，舞剧以古代、近代、现代三

《洼田野趣》 185cm × 150cm　绢本　2016年

段时间的推移，诉说朱鹮坎坷的命运和人与自然关系的变化。婉美的剧情与精湛的舞蹈把经历磨难、浴火重生的朱鹮演绎得入木三分，惹得我泪水涟涟。随后，我们追寻朱鹮踪迹到了陕西洋县，进一步了解到：19世纪70年代末朱鹮已濒临灭绝。1981年在这里发现了世界上仅存的7只野生朱鹮后，经过国家一系列的保护措施，朱鹮得以繁殖重现。现在，洋县是朱鹮唯一的野生栖息地和人工饲养的种源地，因此，这里被称为“朱鹮之乡”。在学生的带领下，我们参观了朱鹮救治站，近距离地观看了朱鹮并了解了其生活习性。在途中，多次看到野生的朱鹮优哉游哉地或飞翔或觅食。百钧很有感触，决定回京后要把这“东方宝石”世界珍禽朱鹮作为绘画题材。

5月，我和百钧与三位学生应邀前往新疆旅游。刚下飞机，新疆朋友开着房车带我们直奔木垒县。第二天，我们看到了著名的木垒原始胡杨林。这里的胡杨长在盐碱地里，铁骨铮铮，千姿百态。没有人工修饰的痕迹，比内蒙古阿拉善的胡杨林更野性。深浅不一的盐碱地更加深了这片胡杨的悲壮。为了拍下胡杨的各种美姿，我们顶着烈日，不停地穿梭林中追寻胡杨精神。第一次脚踩盐碱地，那灰白的盐碱把我的皮鞋弄得丑陋不堪。虽然已是5月，而这里的胡杨才刚发芽，没有丁点挡阳的叶荫。为了躲避火辣的阳光，我把露体的每寸肌肤都严密封盖，没一会感觉头昏脑涨，全身发软。那火辣辣的太阳实在太厉害了，射穿我们包裹严实的衣裳，直透肌肤。幸亏一瓶“红牛”饮料解掉暑气，不致晕倒。下午三四点钟更是炎热，大家都受不了。好不容易找到一处亭子席地而睡，呵呵，还居然鼾声不断。保持着原始风貌的木垒胡杨林吸引着我们久久不舍离去，直拍照到晚上8点多（这里比北京晚2小时天黑）。第二天，我们去游览可可托海，从珊瑚形的岩石就能感觉到这里以前应该是海洋，据说这里有丰富的矿产。接下来，我们前往克纳斯，途经乌伦古湖、额尔齐斯湖、五彩滩、乌其里克国家湿地公园等。沿途的雪山景色和当地人娓娓道来的白桦树的美丽传说，伴随着我们一路前行，很是难忘。最有趣的是，一天

《瑞雪之二 · 朱鹮》 220cm × 150cm　绢本　2017年

里经历春夏秋冬的气候变化，还有时间差、不同饮食等，心情异常激动。值得一提的是，在哈沙克餐厅吃饭，现场的歌舞表演很煽情，我也忍不住应邀跳了一段蒙古族舞。从北疆回到乌鲁木齐后，我们参观了野马俱乐部，尽管这位老板豪气地收藏了大量的硅化木、胡杨、汗血宝马等，但是他的行为令人发指，一点都不敢恭维。我们还去了东疆的高昌古城、千佛洞、火焰山、坎儿井、交河古城等。这里的闷热天气叫人喘不过气，而两座故城的凄凉哀美，让我们流连忘返。冒着烈日，面对千年前的辉煌之后被漫长岁月风沙摧折的残墙断壁，感叹不已。沧桑人世，曾经的浮花浪蕊都荡尽，只留下难以分辨门窗的堆堆黄土。

回京后，每每想起新疆的木垒县，看到的令人震撼的胡杨林，我们都很激动。胡杨顽强地向大地宣示曾经的辉煌。萧瑟的旷野中寒鸦啼鸣，凄然地与胡杨诀别，倾诉缕缕悲情，那情景、那精神再次让我们感动。我在想，每棵胡杨的姿态是否隐喻着什么，那屹立不倒的形象中是否有不灭的灵魂。

三思后，百钧铺纸研墨，决意画下这不朽的胡杨。近年来，我与百钧多次去内蒙古、新疆，近距离观察千年不倒的沙漠胡杨林，胡杨的坚韧不屈、执着挺拔的形象深深刻印在脑海里。百钧觉得只有白描的表现手法才能把这沙漠英雄树的沧桑纯朴、不屈精神尽情表达。白描是中国画训练的基本功之一，白描的线条，承担着表达对象的造型与质感、表现物象结构的重任。白描包含了中国画传统的艺术韵味，承载着深刻的精神内涵。铁骨铮铮的胡杨傲然屹立于荒芜的盐碱地里，远离现代文明的涡流遗世独立。在高天厚土之间，它穿越时空，穿越生命，经历风雪剥蚀千年不倒，寂然无声地注视苍天。百钧运用多种笔法勾绘胡杨，利用笔法的节奏、结构、质感与胡杨的精神相吻合，通过一笔一画、抑扬顿挫、浓淡干湿、疏密相间，尽情表现胡杨的苍劲与凄美。中国画的骨法用笔是非常重要的，在独特的空间视觉景象中，凭借通感引起想象而表达意境。百钧分别绘画了两组胡杨，每组四屏，以不同的手法绘下胡杨可歌可泣的精神内涵。

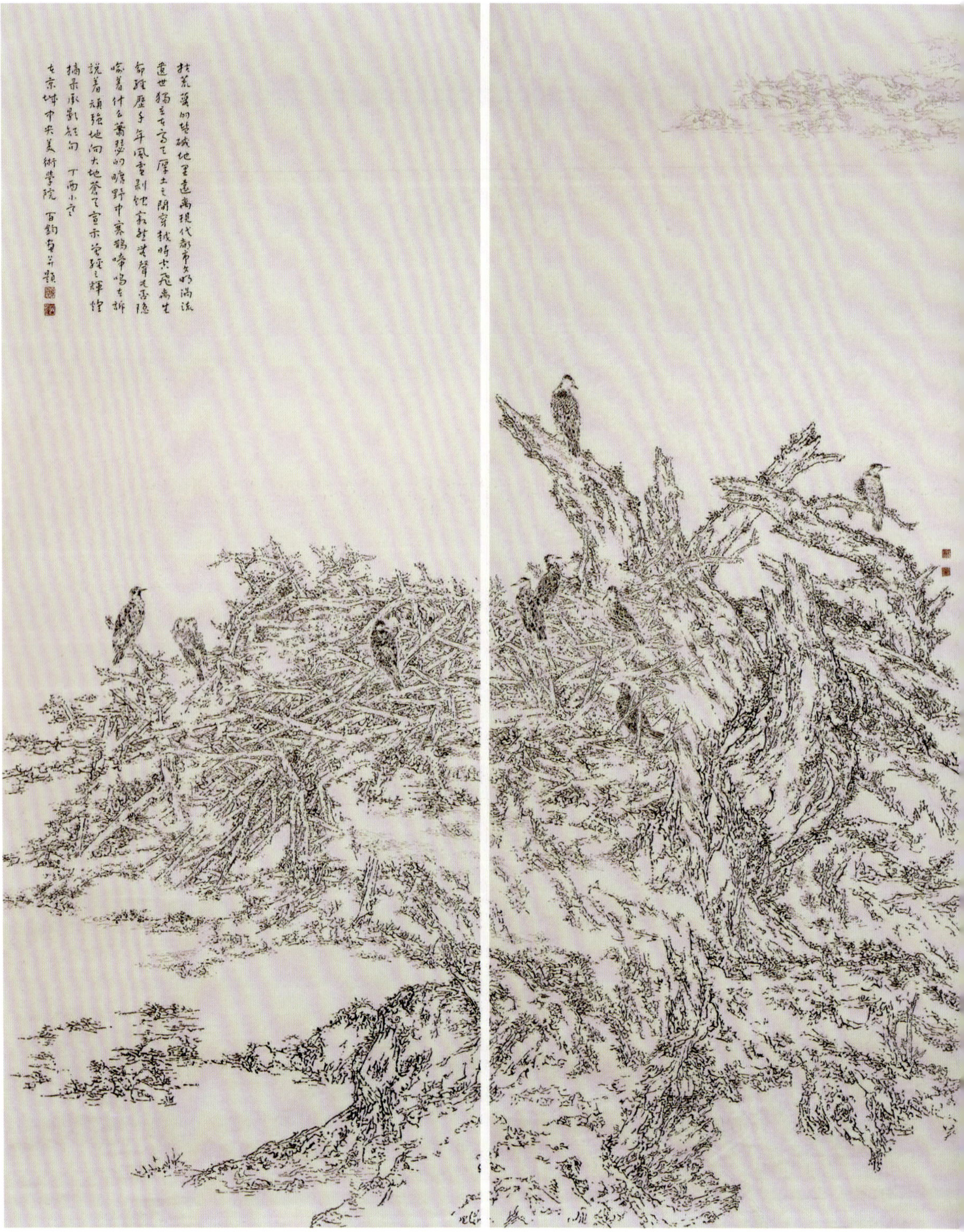
枯荒蕪的盐碱地里遠離現代都市文明潮流
遺世獨立之高高厚土之間穿越時空飛離生
命經歷千年風雪剝蝕寂寂無聲無息隱
喻著什么蕭瑟的曠野中寒鵲啼鳴在訴
說著頑強地向大地蒼蒼宣示堅強之輝煌
摘錄承影絕句 丁酉小雪
于京城中央美術學院 百鈞蘭斋題

《胡杨之二》 200cm×80cm×4 纸本 2017年

丁酉大寒
百钧画

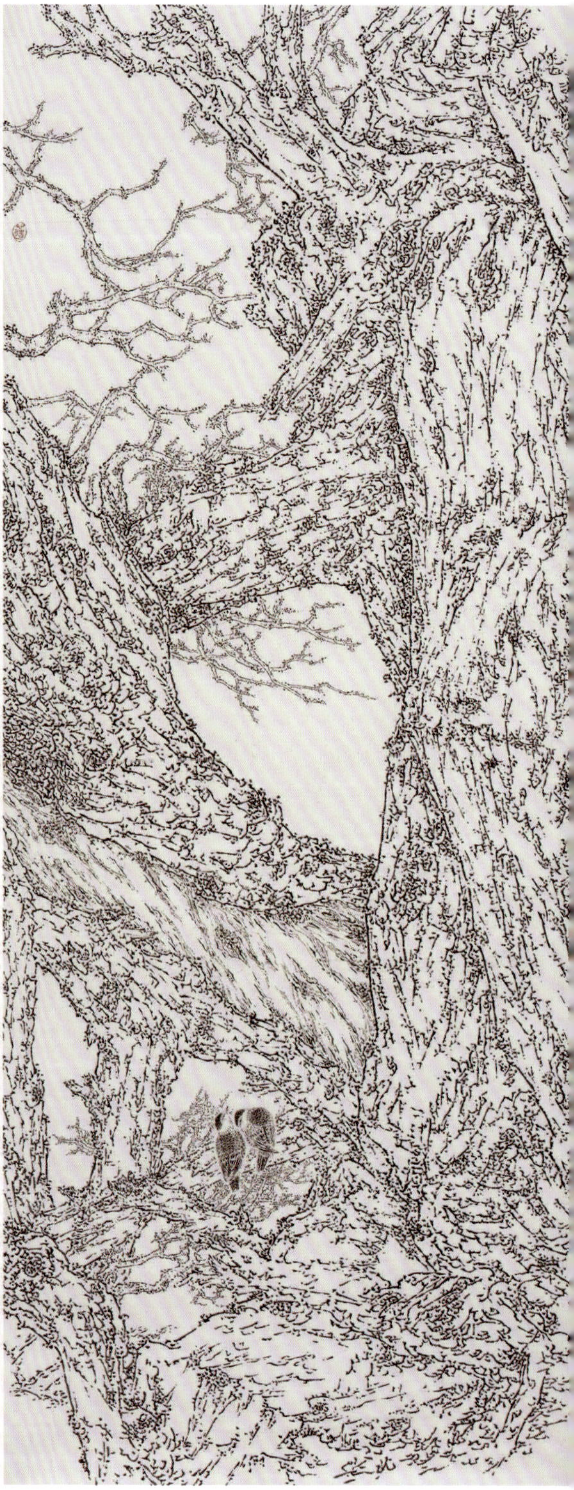

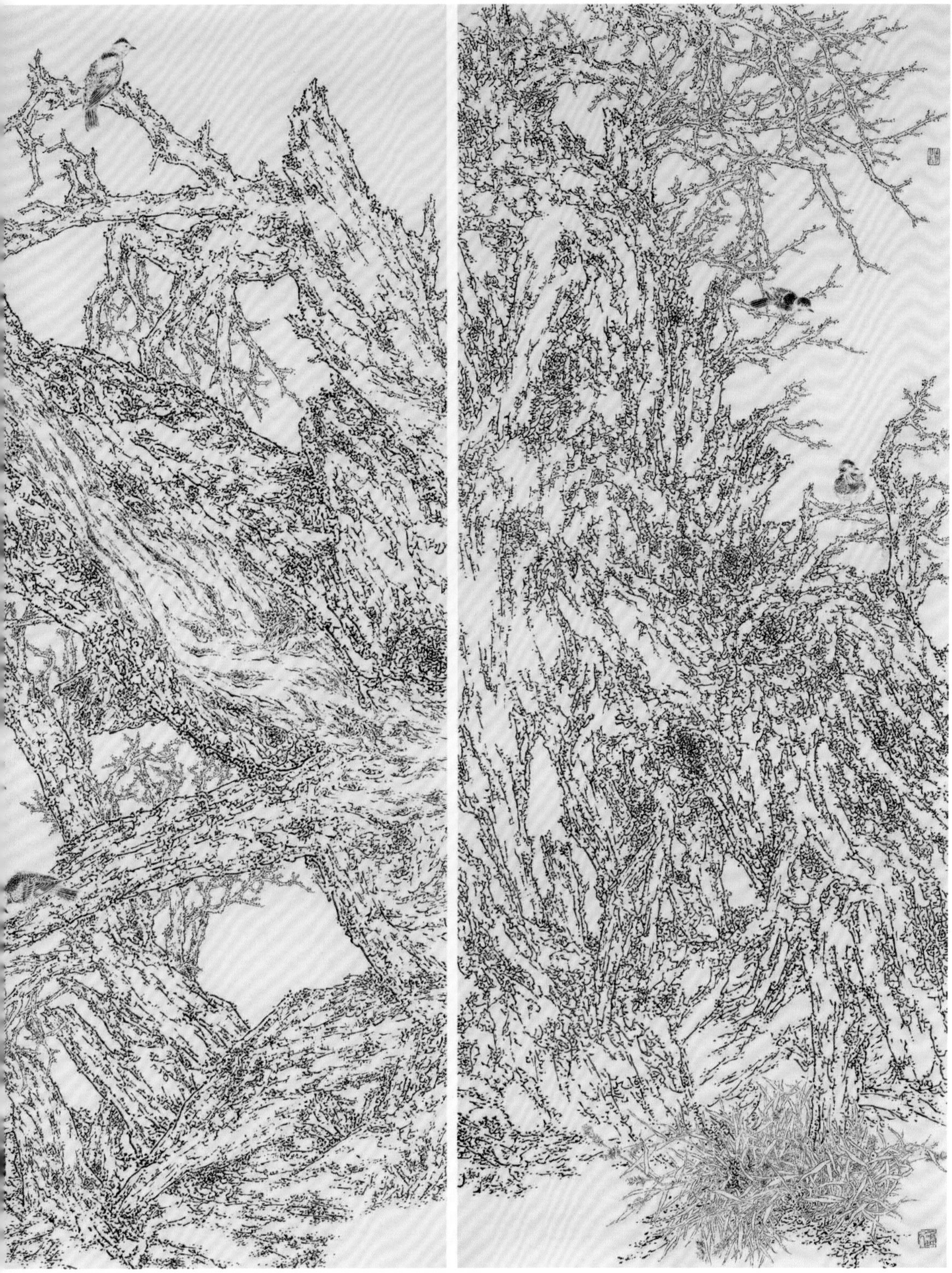

《胡杨之Ⅰ》 200cm×80cm×4

《画坛名师大讲堂·苏百钧讲工笔花鸟画》（典雅、格局）上下两集，这套编排了两年多的书终于出版了。全书记载了百钧50年来绘画的经验与历程，也归纳了他多年教学的心得与体会。从拍片、整理、编排到印刷，历时两年。其间多次变动、调整，与编辑反复交流、沟通。自一年前出了小稿后，又重新修改、校对。虽然时间有点长，但出版后的效果真不错。我认为，它不但是一套学习工笔画的理想范本，更是值得收藏的经验之作。这套书出版后很受欢迎，不到一个月又重版了。

2017年7月可谓繁忙的暑假，“苏门百扇图”“搜妙创真·苏百钧师生展”“千里之行”三个师生展览先后在北京、珠海、鹤山举行。在前往珠海准备参加开幕式时，乘坐的航班因雷雨天气延时多次，我们在机场折腾了15个小时。最后因航班取消，我和百钧没能参加后两个画展的开幕式，心感不安。幸亏，在展览期间，我们抽空来回4天，赶去参观了两个展览后又匆忙回京。紧接着百钧应美协邀请去“当代中国画的创作生态与时代走向”当初评、复评评委。之前还接到为“金砖五国”会议室绘画的任务，完稿的时间很紧。在指定的五种花卉中，百钧选择了绘画向日葵。因为他对这种花十分熟悉，它向往阳光，追逐太阳，有热情奔放的形态。在北方生活的几年中，更领略了向日葵的高壮硕实，充满正能量的刚阳特性。葵花盘里，葵子相扣，具有凝聚团结之力。金黄色的花朵、碧绿的叶子，堂皇大气。葵花盘大、小、仰、侧不同，却同一聚向，很有节奏韵律感，更显心齐力合、典雅高贵。之前，为表达向日葵的累累果实和倔强的铮铮之气，百钧多画成熟或干枯的向日葵。这次要画的葵花欣欣向荣，要把它昂然、坦直、旺盛的生命力和包容万子的博大之气尽情表露。

一场天昏地暗的秋雨，把北京的暑湿、闷热浇个精光透彻。不禁对主宰春夏秋冬、昼夜日明的神灵更加肃然起敬。何为秋？收获储藏且为秋。何为获？春种夏养且得获。想想其中轮回道理，岂不是生命写照？暑热盼秋凉，严冬盼春暖，轮回中焉能分彼此？

淅沥的雨水似乎不愿意停，又滴滴答答、时停时续地下了两天。虽然没了暑气，但能拧出水的空气也不好受，加上九寨沟地震的消息传来，心情特别郁闷。十七年前曾去九寨沟旅游，情景历历在目，瞬间的灾难，景点就毁了。多灾多难的四川啊，虽然那里的山山水水我不是很熟悉，但它的动向却牵动着我的心，因为它是我的籍贯地，父母曾经生活过的地方，更有往来不多却血脉相连的亲人……

最近，百钧喜欢早早起床下楼走走，吸吸新鲜空气，回来又睡一会，据说这叫回笼觉。前几天，他早早地捡回一把银杏果，高兴地说小区里的银杏树果子熟了落在地上。我们在这小区居住了十多年，第一次看到从小树苗长大的银杏树结果并落地，心有感触。随后的几天里，他接连捡回好多银杏果，满满的收获感，百钧很开心，还嘀咕着找到了童年在花地老家生活的感觉。果子很臭，把皮去掉后风干，一粒粒白果招人喜爱。百钧童心未泯，不愿暴殄天物的举动感染了我，他捡果子，我洗干净，还帮着点数，很有乐趣。不单为吃果子，更多的是过程中的欢乐！

10月6号，我们与三位学生应邀再次去我的出生地承德游玩，这是我四岁离开那里后第三次旧地重游。每次去承德时，心情都异常激动，因为那里藏着我对儿时的追忆和父母曾生活、工作过的神秘，心底里不尽牵念。

三次去承德的感觉都不一样。1978年去探望在承德工作的父亲，那时的承德很美，四面环山，小河穿城，柳树成荫，马车当街跑。只叹息交通不是很方便，除了火车能到达外，汽车要翻山越岭才能进城。2002年10月，和百钧再次去承德，学生开车，一段高速又一段公路。沿途的风土人情吸引着我们，没觉翻山就到城里了。可城里已是面目全非，到处是拆建的瓦砾，满目疮痍，当时很庆幸自己离开了那里回南方生活了。这次再到承德，虽然找不回第一次的感觉，而避暑山庄的秀美依然诱人，皇城的风姿依稀可见。只是热河的标志石挪动了地方，而且石刻改大了，没了最短河流的古朴感觉。

在当地学生的带领下，我找到了小时候上过的“避暑山庄幼儿园”，这座美丽的幼儿园可谓是中国最高级的儿童乐园。教室全是文物建筑，青砖绿瓦。至今仍保留着的“阿哥所”牌坊，散发出皇家气派。我们细读宣传栏里贴着的该园自新中国成立后的招生历史，观览了所有的教室，沉醉在旧事的碎屑里，搜索记忆的残影。

百钧的学生还带领我们参观她工作的校园，我感觉到这是妈妈曾工作过的地方，赶紧打电话给远在广州的姐姐求证。果然不出所料，“踏遍铁鞋无觅处，得来全不费功夫”。发自心底的喜悦雀跃而起，找到了妈妈当年工作过并已有上百年校龄的承德师范学校。这座不失风雅的校园，一草一木都显得那么亲切。

2018年5月，百钧再次在中国美术馆举办“闳约逸致·苏百钧工笔画展”。二十年前，我和百钧两人扛着20幅180cm×150cm的大画和20幅小扇面作品进京在中国美术馆办个展，那次的展览奠定了我们来北京发展的路。二十年后的今天，再次在中国最高的美术殿堂举办展览，动用了中国美术馆的1号（圆厅）、8号、9号三个大厅，展出作品共161幅。个人工笔画展如此多的作品同时亮相，而且在中国美术馆最重要的展厅展出，实属难得。

这次的苏百钧工笔画展在中国美术馆一号厅举办，适逢策展人吕品田先生亦有个展在三号厅。于是几经商榷，二人决定共同邀请来宾、共同举行展览的开幕式。在开幕式上，王文章部长首先发言。他指出，苏百钧先生不仅是一位卓有贡献的美术教育家，同时也是我国当代一位在继承与创新方面具有代表性、标志性成就的优秀花鸟画家。以对传统的深入开掘和吸纳，以对当代审美元素的深刻体会与把握，采撷融汇，探索创新，在美术创作的高峰上展现当代美术创作的艺术面貌和艺术境界，这样的画家并不多，苏百钧先生应该是其中的一位佼佼者。

王文章部长谦虚地从一个观众的角度继续谈道："从艺术直觉的感受而言，我觉得苏百钧先生的绘画，以书写性的笔致所传达的表现对象，无论花鸟或其他，造型准确，形态惟妙惟肖，有的刻画甚至细致入微到纤毫可见的程度，但构图的大气，格调的雅致，笔墨的生动，色彩的和谐，气韵的流转等多种艺术元素的融合统一，不见丝毫雕琢匠气，元气氤氲，清丽秀润。苏百钧先生强调创作'象须有意'。我们看他的作品，作为有'意'之象的艺术形象，不管大幅作品或小品、扇面等，都能在不同笔墨技巧、不同基调色彩的营构中，呈现出耐人寻味的诗情、意境。面对他不同的作品，或触发胸无尘滓、幽远静穆的空灵，或激发强健奔放、生生不息的生命之歌，形式之美的愉悦与精神情感的融通，都可在其作品的欣赏中得到。苏百钧先生作品构成的艺术境界，是寄托心灵的逸境，也是万物生命不息的赞歌。苏百钧先生的作品，笔墨、色彩语言的用力之深，工笔的严谨与写意的挥洒自如，当然都是一流的。但纵观其作品，我觉得更重要的是，其鲜明地传达了一种

2018年，百钧中国美术馆个展与学生合影

文化精神，即中国传统文化的价值取向与中国画这一民族艺术形式的审美取向，以及苏百钧以其现代艺术观念融入其作品中的清新的艺术气息。这使他的作品既具坚实的文化厚度，又有鲜活的时代气息，呈现的是一个阔大而悠远的令人流连忘返的艺术世界。艺术的冲击力、生命力由此而生。苏百钧先生是一位纯粹的艺术家。纯粹不是超然世外。纯粹是心无旁骛、胸襟鸿朗沉静，以荡除名利诱惑的心境，以大格局、大胸襟，以极致的追求去触摸艺术灵魂的艺术苦旅。这正像苏百钧先生所主张和追求的‘闳约逸致’四字的内涵精神。每一位艺术家成就自身的艺术境遇不同，有的境遇也并非自身可以把握。但始终持守纯粹的艺术精神，在虔诚忘我相融于艺术的探索中，以领时代艺术风气之先的优秀作品奉献于社会，才会真正为时代所承认。”

紧接着发言的是中央美术学院副院长吕品田先生。他肯定了百钧的教学与创作，提及了百钧主持修订花鸟画教学大纲，为中央美术学院培养了一大批优秀的学生，桃李满天下，为民族美术的精英教育做出了突出的贡献。总的来说，苏百钧的艺术创作是情深意切的造型，典雅清幽的画境和神遇迹化、超于象外的盎然意趣的完美圆融。这次画展体现的是一位纯粹的美术家默默耕耘、勇于突破、力求创新的旺盛的艺术生命力，以及全面的人文修养、深厚的专业功底和超强的创造力。

随后，由广州美术学院副院长王跃生先生代表百钧的母校致辞：“苏百钧老师的岭南花鸟继承了岭南画派的折中中西、融汇古今的艺术精神，将传统中国画的细致与逸笔相融合，用笔致的书写性传达了花鸟画的形貌与动势，用线条的法度表现出物象的形态、意态、精神，在他的作品里，我看到了一个艺术家对于生活的热爱、对于生命的尊重、对于艺术的不懈追求。”

回想展览前半年我们着手准备，第一项工作是请学生帮忙把《闳约逸致・苏百钧工笔画》画册送到各地有美术专业的高校图书馆和地方图书馆供师生阅览，并分别在《美术》《美术观察》《国画》《广东美术报》等专业报刊上登载百钧作品及评论文章。请朋友帮忙做请柬、招贴、开幕式背景墙等。还请专业学生帮忙朗诵录制每幅作品的解说词并定制二维码、做标签。接着，安排每幅作品的摆放位置、装裱画幅等等，忙得不亦乐乎。令我们感动的是，展览前苏门的100多名学生在群里自发接龙，要当志愿者。同学们的帮助与支持给我们增添了无比的信心。4月26日开幕那天，同学们从全国各地赶来为百钧祝贺，他们分成若干组每天轮班，在人流如潮的展厅中帮忙值班照看、介绍作品、分发书籍，忙而有序，累而有乐。也趁此机会，苏门组织了总结会和联谊会，其乐融融。14名学生把自己出版的《工致苏门》丛书奉送给每位到会的同学，我和百钧也送给每位同学一本苏门期刊合集、朋友帮忙定制的印有百钧作品的手机壳作留念。我们还做了苏门画苑徽章送给每位同学，意在让大家记住：我们是苏门的一员，我们志同道合，共同努力、共同走过不平凡的路。在这个大家庭里，我们曾一起生活、学习，一起下乡写生、研究画艺。不管今后的路还有多远，这是我们永远的记忆。

辛苦了十五天的展览落下帷幕了，可是那晚，看到一位学生发来的一张照片，我泪水哗哗直下：在撤展现场，百钧一个人坐在空荡荡的展厅里沉思，陪伴他的是一卷卷包装好的画幅。旌旗消隐，人声渐息，一种莫名的孤独感，涌上心头。百钧半辈子除了教书育人就是与笔墨为伴，将所思所想全寄托在绘画创作上。数不清的挑灯夜战，无数的孤灯寂影，才创作出这一卷卷的作品。在个展短短的十五天中，他把三十多年的心血呈现给观众。今日鸣鼓收兵了，在大家赞誉声后，他又将回到穷尽心力的孜孜探寻中。此时此刻的心情我非常能理解，欣悦、恬淡、“归来哉，路何方”的迷茫，尽在此时无声胜有声中。

这次的展览，与20年前在中国美术馆举办的百钧个展迥然不同。上次展览只有我俩孤身扛着画来京办展，只用了一大一小两个连厅展出。画展没有开幕式，虽然成功，却没有这次

撤展后

展览的大场景气派。这次展出了161幅工笔花鸟作品，动用了美术馆主要的三个大厅，分别展出大创作、小扇面、白描和长卷，还详细地介绍了百钧的艺术简历。开幕式上，人山人海，有画坛的老前辈、各级领导、同行画友、新闻媒体、学生、朋友，济济一堂，热闹非凡。大家竖指赞叹如此规模、精湛的工笔花鸟画展真是极为罕见的。展览期间收到多篇来自各方的评论文和观后文，看着让人感动！

在留言中，有位观众写道："……最主要的还是画家将宋代古人画法和现代绘画技法融于一身，将现代工笔花鸟绘画提高到了一个崭新的阶段。综观苏百钧教授的绘画，无论是轻荷漫柳，还是鸟语花香，皆表现得那么源于自然又带有艺术的元素。一枝一杈，透着生命的韵律；一溪一流，洋溢着律动和激情。他的成功还在于他恪守中国画的正道，不曾追风逐巧，艺文兼修，卓尔不群。阅读他对画作的诠释，便可看出其深厚的文学功底，款款注释如行云流水，惟妙惟肖，自然洒脱；字里行间又像诗一样，情怀四溢，厚积薄发。他是真正做到了意是工笔花鸟的灵魂、度物象而取真的一代名家，不愧为当代工笔花鸟画家的典范而超拔于当代画坛，堪称当代艺术创新的一面旗帜。”

另一篇观者文章里写道：“苏百钧先生是当代画坛中一个非常值得研究的个案，因为用风格学的理论很难去归纳他的全部艺术探索。当他在平凡的生活中获得灵感的启迪，开创出新风貌之时，所有的相关研究总会显现出研究的滞后性。总体来说，他追求正大宏阔的意境，又希望用最简约的语言形式加以呈现；他追求放逸典雅的气格，却总在孜孜探寻一种完美的极致状态。这些看似矛盾的审美追求，不可思议地统一在他的作品中……而苏百钧先生无疑在工笔花鸟领域已经构筑起了自己的九层高塔。这幢巍峨的高塔不设塔门，随时为所有热爱生活、充满温情的人们敞开。画家却长期将自己置于恢弘壮阔的高塔之外，在一个仅能容身的陋室之中，甘受寂寞，孑身独行。他用毕生的努力去守护着他心中的高塔，将优秀的作品作为坚实的砖瓦，不断增高塔基。当人们在他筑起的艺术之塔前络绎不绝，仰望赞叹之时，没有人会想到，他不是欣然接受观者的膜拜，而是又一次默默地消失在乡间、林下、花隙，抑或是荷塘边……”

学生也写下了自己的看法：“一是苏老师对寻常绘画题材的超常把握和再现。苏老师选择的题材很多是寻常之物，但也有一般花鸟画中不画的野逸类型，比如绳、筐、网、枯枝败叶、霸王花、鸟巢、石磨等等，即使是荷花这种常画题材，也因苏老师在生活中敏锐的艺术感受而捕捉到与众不同的表现方式，充分体现‘意是工笔画的灵魂’这审美思想理念。二是苏老师在绘画语言上的探索和创新。无论是经营位置，还是用笔、赋色，都与传统经典图式拉开了距离，是在传统语言上的拓展与创新。苏老师技法语言多样，强调‘随意赋彩’，不受赋色类型所限，泼彩、肌理、没骨、撞粉撞色与双勾渲染的结合，厚重的矿物质色的干擦、堆积和轻盈水色的交替运用，这样多种技法综合运用的方式，大大拓展了工笔花鸟画的绘画语言，令观者耳目一新，成就了苏老师的个性化语言，给人以深刻印象。三是苏老师的作品具有独特的艺术感受，体现出新的文化内涵。传统经典绘画以气韵生动为最高审美理想，宋代花鸟画托物言志，元代文人画畅神抒写心志，传统绘画基本不出这两种模式。苏老师的画中有叙事性、重复要素出现的节律与韵律感。既有满构图的充盈，又有萧瑟疏寒的空灵，画面中营造出的意境既是真实的场景，又是饱含深情的人文关怀。这种内容与形式的高度统一，恰恰符合了现代工笔花鸟画的审美需求，因此赋予了花鸟画新的精神内涵。”

2.3 四季和风，拂晓春夏

5月26日，百钧被授予法国皇家鲁拉德骑士勋章，我们应邀去鸟巢参加中法文化交流活动暨法国皇家鲁拉德骑士团授勋典礼。看着百钧穿上红袍站在铺着红地毯的台上受勋，并围着鸟巢场外绕走一圈，我异常激动。虽然听不懂台上的法语，但皇家骑士团的使命却让我肃然起敬。“坚守信仰，救助苦难”这是道路、真理和生命！这路不易走，却引导人向善！让我们坚定追求这份荣誉！荣誉永远不会消失，永远不被遗忘！

一天，儿子兴高采烈地送来一只螳螂，说它是益虫，叮嘱我不要再去拍打家中蚊虫，留着给它做餐。可是一天天过去了，没见螳螂精彩的捕食姿势，只感觉它在慢慢消瘦。几天后，儿子询问螳螂近况，我急急在阳台“菜园”里寻找，拨开藤蔓，翻看叶子，怎么也找不到它的踪影。昨晚还与它道别，怎么今儿就不见了？躲哪儿去了，咫尺空间，真有它的洞天？扶着门框冥想，听鱼缸抽水滴漏声，有点不甘，带点落寞，更有丝丝期盼。一抬头，惊喜若狂，它就扎在田七藤叶上的绳子上，头朝下身向上，不动不响。我举起相机，它顺绳子挪下。

我细细观察，能左右摆动的颈子上长着外星人般的三角脑袋。尖嘴不停嚼啄，不知是饿还是习性。似是接收天线的触须长短不齐。一袭绿袍裹着细腰长腿，真不知道它抢吃的食物怎样塞进细腰入肚？它的双臂带着齿形，不断作虔诚祈祷的样子，静静地……

螳螂趴在沙窗上整整一天一宿，偶尔在方寸的空间中来回踱步，就是不肯下来。为什么呢？是沐浴沙窗孔外的秋风？还是沙网的小孔好攀爬？还是贪恋那窗外的精彩？其实外面也有天敌，也有不可预料的灾难。在茫茫的宇宙里，斑斓的大千世界中，怜悯未必被理解，同情也未必被接纳。又过了几天，还是没见它觅食，本想不再关注它了，突然看见它扎在鱼缸的吸水管上，奇怪的动作又引起我的好奇。它竖立着，尾部泡在水中，悠闲地用嘴巴舔洗手臂的尘埃，那么悠闲自若，自得其乐。连等待喂食的金鱼也不忍打扰它的安逸。过了一会再去察看，只见螳螂抱着水管，拖着湿衣艰辛地步步上爬，突然身体一转扎进水里游泳。呵呵，螳螂也爱跳水、爱游泳，而且还是高手。

又过一天，螳螂死了，我把它埋在花土下。昨天，它转身跳水，原来是生命最后的抗争，潇洒来回地游了几圈，释放完体内全部能量静静地走了，无声无息。真有点哀戚，又带几分叹惜，生命就如此停止。

不知是谁把小区里的银杏树拉断了一枝，挂满枝头的银杏果落了一地。先生看见，心痛不已，去年捡果子的乐趣还意犹未尽呀，今年快熟的果实却遭此践踏。在手机电筒光照下，百钧捡回几根挂满果实的断枝插到花瓶里，让累累果实装点家居，也让银杏果苟延残喘再放光华。

7月18日，百钧应工笔画院之邀前往青岛做创作课讲学，我也同行。十年前曾匆匆在青岛逗留了一个晚上，这次想仔细游览，看看崂山。在百钧讲课的两天里，两位学生朋友陪我逛了基督教堂、花石楼、德国建在青岛的“总督楼”等旧址。在“总督楼”的展厅里，我发现有一梳妆台与我小时候家里的梳妆台很相似，莫名地激动。那是舅舅离开广州时留下的家具，梳妆台的中间是一面大圆镜，镜前一格放化妆品，两边是不对称的柜子。小时候总喜欢对着大圆镜，复习从少年宫学到的舞蹈动作，一招一式摆动作，从镜子里找规范，增信心。这些，时过境迁了。在朋友、家人的带领下，我和百钧还参观了军舰。军舰上非常干净，居然一尘不染，连机油味也闻不到，太佩服这些保家卫国的士兵们。

从青岛回京后，百钧又投入到绘画三幅名为《兰香琴音》《幽兰空谷》《芝兰善居》的组画中。这组画是应“尼山孔子大学堂”工程所邀绘画。据说被誉为“君子风骨”的兰花是孔子挚爱。“高山仰止，景行行止。虽不能至，然心向往之。”这三幅统一题材、分别悬挂的兰花，该怎样构思、构图、绘画，这又是一次新的尝试。从广州、北京到昆明、西双版纳，百钧不断寻找兰草的踪迹，收集素材与资料，思考、构思，最后决定以兰为主，其他植物与溪涧流水为辅，贯穿三幅作品，连成气势澎湃，主题鲜明的组画。

开始绘画时，首遇难题是矾纸，三张分别是205cm×300cm的生宣纸必须同时加胶矾，否则生熟不一，上色工作难以处理。百钧一鼓作气地给三张大纸上胶矾，真不容易，扫完矾，已是大汗淋漓。紧接着是勾线、上色。勾线时，根据不同对象运用不同的笔法与线条，用不同浓、淡、干、湿的墨色勾线，绘出花、叶、山石、蝴蝶。已上两次胶矾的纸还是有点生，有些地方出现漏矾，上色时要不断调整画法，用不同色调反复绘画、调整。画好第一幅兰花后，我和百钧特意再次前往尼山观看现场，感受孔子倡导的仁、义、礼、智、信，以调整左右两幅兰花的节奏与色彩。清泉从天而降，悠悠溪水流过崖旁，穿行而去。山坳中兰花品种繁多，随风盛开，幽幽清香溢出纸外。高山流水中的兰花大气、雅丽，兰花的风骨柔情表露无遗。

朋友送来一大箱玉米及豆角、茄瓜等蔬菜，说是父母种的，我肃然起敬。她的父母应该与我同龄，跟随子女来到喧嚣的北京城生活，听不到往日的乡音，没了昔日的土地，劳作了半辈子的双手不习惯空闲，硬在高楼林立的狭缝土地上开垦种植，不为别的，只是怜惜空地，勤劳朴实的品质真可敬可赞。

为了寻找曾经走过的路，我与百钧从北京飞往厦门，再次去鼓浪屿，本以为能找到像小时候居住过的“菊苑”似的建筑风格，还留有丝丝蜘蛛影子的老房子，可惜仅有的旧房子几乎都改造成了商业店铺，唯有几条小巷还有石基砌墙，留记下时代的故事。在寻觅中我们上了日光岩，似馒头形的巨石堆垒起的鼓浪屿最高点威风凛凛，180度俯瞰天水相连的大海，心潮澎湃。喧嚣的海浪不停地念诵着历史变迁的经咒，迎来送走一批批时代的观光者。我默默地想，还会来吗？上世纪80年代带着慕想，第一次来鼓浪屿，宁静的小岛浪漫、神秘，在沙滩中追逐、嬉戏、听海浪拍岸的节奏声。第二次来小岛，古老街道的建筑勾起了我童年的回忆，一次次地追梦故里，后悔没拍下全景。这次来小岛，大城市里的繁华喧闹，已融进了窄巷拐道，隐隐惋惜……带着点点遗憾，再次溜达在石板道上，抚摸石头垒的墙壁，还想拽住心中的丝丝不舍。要与小岛道别了，回首再望，唯剩日光岩的孤崖，依然耸立，浪起潮落，见证朝代兴衰。三次访岛，留下不同的印象，这是步伐前行？还是我衰老恋旧的符号？

告别了鼓浪屿前往莆田，妈祖（林默娘）故里的雕像及故事令我感叹不已，女性端庄大气不失高贵感，为众为民献身的精神可歌可泣。不知道是招待我们兼当导游的朋友信佛还是沿海地区寺庙繁多的缘故，我们走了不少庙宇。还参观了南少林寺，观看了千年古樟，那巨型樟树虽老，旁边却生发三株围抱，且发出香味，令人叹为观止。回程中，坐在飞机上，几天的行程，历历在目，又是一次旅行，一段经历。